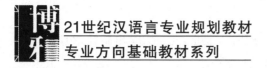

21世纪汉语言专业规划教材
专业方向基础教材系列

语用学教程

(第二版)

索振羽　编著

北京大学出版社
PEKING UNIVERSITY PRESS

图书在版编目(CIP)数据

语用学教程/索振羽编著. —2 版. —北京:北京大学出版社,2014.6
(21 世纪汉语言专业规划教材)
ISBN 978-7-301-24270-4

Ⅰ.①语… Ⅱ.①索… Ⅲ.①汉语—语用学—高等学校—教材
Ⅳ.①H1

中国版本图书馆 CIP 数据核字(2014)第 107909 号

书　　　　名：	语用学教程(第二版)
著作责任者：	索振羽　编著
责 任 编 辑：	王　飙　高秀芹
标 准 书 号：	ISBN 978-7-301-24270-4/H · 3529
出 版 发 行：	北京大学出版社
地　　　　址：	北京市海淀区成府路 205 号　100871
网　　　　址：	http://www.pup.cn　新浪官方微博:@北京大学出版社
电 子 信 箱：	zpup@pup.cn
电　　　　话：	邮购部 62752015　发行部 62750672　编辑部 62753334 出版部 62754962
印　刷　者：	三河市博文印刷有限公司
经　销　者：	新华书店
	650 毫米×980 毫米　16 开本　13.25 印张　204 千字 2000 年 5 月第 1 版 2014 年 6 月第 2 版　2024 年 2 月第 11 次印刷
定　　　　价：	36.00 元

未经许可,不得以任何方式复制或抄袭本书之部分或全部内容。
版权所有,侵权必究
举报电话:010-62752024　电子信箱:fd@pup.pku.edu.cn

编著者的话

语用学(pragmatics)是 20 世纪七八十年代由西方学者建立和发展起来的语言学的一门新学科。

《语用学教程》这本小册子是在我 1996 年和 1998 年先后两次为北京大学中文系汉语专业研究生开设"语用学"课讲稿的基础上修订、整理而成,作为北京大学中国语言文学教材系列之一于 2000 年由北京大学出版社出版。

编写《语用学教程》的总体想法是尽可能系统地、有深度地介绍本学科领域西方学者提出的基本理论和方法,把经过检验证明是有价值的理论和方法编入教材;同时也重视在介绍、研究过程中发现不足和问题,根据汉语运用的实际,对西方学者提出的某些理论、原则进行补充、修正,提出自己的一些理论或原则、准则。请注意:《语用学教程》是在言语交际总框架中研讨语用学的各个重要课题的。在介绍、评价西方学者给语用学下的多种定义之后,我为语用学下了一个新定义:"语用学研究在不同语境中话语意义的恰当表达和准确理解,寻找并确立使话语意义得以恰当表达和准确理解的基本原则和准则。"依据这个定义的要求,我在《语用学教程》中为"语境"列了专章;提出了"得体原则"(给"得体"以新定义、新定位,并为这个原则设立了三个准则)。这样,人们的言语交际就有了两个必须遵循的重要原则:"合作原则"(由西方学者提出并加以完善)和"得体原则"。这两个原则分工合作,功能互补,协调运作,就能够使人们的言语交际达到最佳交际效果。之所以这样编写,是因为我们认为,语用学这门新学科的发展和完善,西方学者和东方学者都应该尽一份力。

《语用学教程》(第二版)的总体思路、主要研究内容和第一版相同,但对第四、第七部分的一些内容作了不同程度的修订。如对"四、会话含义"中"得体原则"之下"幽默准则"部分的论述有了很大改变,对"克制准则"

部分也作了一些补充;对"七、会话结构"中的"总体结构"部分作了一些删改。

《语用学教程》(第二版)可用来作为高等院校中文系、哲学系、心理学系、社会学系等系学生的教材,以及所有希望有效地提高自身言语交际能力的人的有益的参考书。

本书的英语例句多数选自书末"参考书目"中的英文著作,汉语例句多数选自书末"文学类参考书目"中的中国现当代作品。谨一并向作者们致谢。

北京大学出版社对于本书的出版给予了大力的支持帮助,在此表示衷心感谢。

《语用学教程》(第二版)的舛误之处,敬请读者批评指正。

索振羽

2013 年 11 月 12 日

于北京大学燕北园

目 录

一 绪 论 ·· 1
 1.1 语用学的由来和发展 ····························· 1
 1.2 语用学产生和发展的语言学背景 ················ 4
 1.3 语用学和语言学其他分支学科的关系 ··········· 8
 1.4 语用学的定义 ······································ 9
 1.5 语用学的研究方法 ································ 14
 1.6 语用学的研究内容 ································ 14
 1.7 语用学研究的理论意义和实用价值 ············· 15

二 语 境 ·· 16
 2.1 从语用学的新定义来看研究语境的重要性 ····· 16
 2.2 国外语言学界语境研究概述 ····················· 17
 2.3 语境的定义和研究内容 ··························· 19
 2.4 研究语境的理论意义和实用价值 ················ 35

三 指示词语 ·· 36
 3.1 指示词语的语用含义 ······························ 36
 3.2 指示词语的不同用法 ······························ 38
 3.3 指示词语的分类 ···································· 39

四 会话含义 ·· 51
 4.1 格赖斯的会话含义理论 ··························· 51
 4.2 新格赖斯会话含义理论 ··························· 69

4.3 得体原则 ·· 83

五 预设 ··· 113
5.1 "预设"是语言哲学研究的课题之一 ······················ 113
5.2 语言学家对"预设"的关注是从他们
　　 对语义关系的研究开始的 ······································ 114
5.3 预设触发语 ·· 117
5.4 语义预设和语用预设 ··· 119

六 言语行为 ··· 130
6.1 奥斯汀的言语行为理论 ··· 131
6.2 塞尔的言语行为理论 ··· 146

七 会话结构 ··· 166
7.1 轮流说话(turn-taking) ·· 167
7.2 相邻对(adjacency pair) ·· 174
7.3 修正机制(repair apparatus) ······································· 179
7.4 预示序列(pre-sequence) ·· 181
7.5 总体结构(overall organization) ································· 184

参考书目 ··· 197

一 绪 论

语用学是语言学的一门生气勃勃的独立的新学科。

1.1 语用学的由来和发展

1.1.1 "语用学"这个术语的提出

语用学源于哲学家对语言的探索。"语用学"(pragmatics)这个术语是由美国哲学家莫里斯(Morris)于1938年首先提出的。莫里斯在他于1938年出版的《符号理论基础》(*Foundations of the Theory of Signs*)一书中,提出符号学(semiotics)包括三个部分:句法学、语义学和语用学。句法学(syntactics or syntax)研究"符号之间的形式关系";语义学(semantics)研究"符号与其所指对象的关系";语用学研究"符号与解释者的关系"(Morris,1938)。在1939年出版的《美学和符号理论》一书中谈到语用学时,莫里斯将"解释者"(interpreter)改为"使用者"(user)。由此看来,莫里斯不但首先提出了"语用学"这个术语,而且粗略地指明了语用学研究的对象和范围。

莫里斯对符号学三个部分的划分得到了哲学家和逻辑学家卡纳普(Carnap)的支持。卡纳普认为:"如果一项研究明确地涉及语言使用者,我们就把它归入语用学的领域,……如果我们从语言使用者那里只摘取一些词语及词语所指的对象来进行分析,我们就处于语义学的领域。最后,如果我们从词语所指对象中抽象出词语之间的关系来进行分析,我们就处于(逻辑)句法学的领域了。"(Carnap,1948)很明显,卡纳普也认为语用学是研究使用者和词语(符号)的关系。卡纳普认为,纯语义学和语用学是"分析词语意义的两种完全不同的形式,而描写语义学可以看作是语用学的一部分"(Carnap,1956：233)。卡纳普倾向于把语用学看作经验科学。

请注意："语用学"是英语词 pragmatics 的汉译。Pragmatics 包含拉丁词根 pragma-,这个拉丁词根表示"行动,做"这个意义。汉译者把"语用学"视为"语言实用学"的简称,其实把"语用学"视为"语言使用学"的简称更为贴切。

1.1.2 语用学研究的重大进展

20世纪50年代中至60年代末,语用学研究取得了重大进展。

语言哲学家巴尔-希勒尔(Bar-Hillel)于1954年提出语用学的具体研究对象是指引词语(indexical expression)。

英国哲学家奥斯汀(Austin)于1955年在哈佛大学作了题为《论言有所为》(*How to Do Things with Words*)的系列演讲(经 Urnson 整理成书于1962年出版),提出"言语行为理论"(Theory of Speech Act),反对逻辑实证主义的"凡不能验证其真或假的陈述都是伪陈述,都没有意义"的实证观点,向当时的逻辑实证主义发起挑战。美国语言哲学家塞尔(Searle)1969年出版《言语行为》(*Speech Acts*),1975年出版《间接言语行为》(*Indirect Speech Acts*),继承、修正、发展了由奥斯汀提出的言语行为理论,使之进一步系统、完善。至此,"言语行为理论"成为语用学研究的重要内容之一。

美国语言哲学家格赖斯(Grice)于1967年在哈佛大学的威廉·詹姆斯讲座作了三次演讲。在第二讲"逻辑与会话"(*Logic and Conversation*,1975年发表于 *Syntax and Semantics：Speech Acts*,Vol.3,Academic Press)中,他提出了有重要意义和深远影响的"会话含义理论"以及"合作原则"及其包含的四条准则:量准则、质准则、关系准则和方式准则。"会话含义理论"成为语用学研究的重要内容之一。

奥斯汀和塞尔的言语行为理论、格赖斯的会话含义理论为语用学建立了成为一门新学科的理论基础。

1.1.3 语用学成为语言学的一门独立的新学科的标志

1977年,《语用学杂志》(*Journal of Pragmatics*)在荷兰的阿姆斯特丹正式出版发行,这是语用学作为语言学一门独立的新学科得到承认的标志。

《语用学杂志》创刊号发表了以哈勃兰德(Haberland)和梅(Mey)共同署名的社论《语言学和语用学》。社论开宗明义指出:"语言的语用学(linguistic pragmatics),粗略地较宽泛地说,就是研究语言运用的科学。"社论声称,这样定义的语用学跟历史上一些学者说过的语用学"没有直接的联系"(请注意:不否认存在着联系,但不是直接的联系)。社论用"语言的语用学"这个术语来表明其跟历史上"符号学语用学"、"哲学语用学"的差别,以此强调语用学的语言学属性。那么,"语言的语用学"指的是什么呢?社论指出:"我们希望用内部和外部两种方式来研究这个问题":外部方式,即"人们能从语言的具体实践(语言的使用者对语言的实际运用)的观点来界定语言的语用学";内部方式,即"语言运用的这门科学在本质上能被看作研究制约语言使用的那些条件"。社论明确指出:"语言的语用学是研究自然语言的语用学,是跟具体的或实际语言的使用者相关的。"并说:"我们希望有唯一的一种语用学。……语言学家不描写抽象的语言能力,而是描写具体的语言运用(a concrete language performance)。这种运用条件是由社会并在社会之中创设的,语言学家是社会的一部分,语言学家的研究'对象'是在相同的社会条件下运作的。"《语用学杂志》创刊号的这篇社论明确地表达了语言学家对语用学的基本观点。

1.1.4 语用学的进一步发展完善

20世纪80年代,语用学得到进一步的发展完善,这主要表现为:(1) 1983年出版了语用学的两本优秀教材:列文森(Levinson)的《语用学》(*Pragmatics*)和利奇(Leech)的《语用学原则》(*Principles of Pragmatics*)。列文森的《语用学》分为七章。第一章:语用学的范围;第二章:指示词语;第三章:会话含义;第四章:预设;第五章:言语行为;第六章:会话结构;第七章:结论。在《语用学》这本书中,列文森对80年代初以前语用学研究中出现的各种理论作了系统的介绍和科学的分析总结，设定了语用学的研究范围和主要内容，阐述了语用学的基本理论和方法，堪称第一本比较系统、完整的语用学教科书。利奇的《语用学原则》分为十章。第一章:绪论;第二章:一组假设;第三章:形式主义和功能主义;第四章:合作原则的人际功能;第五章:得体准则;第六章:人际修辞的综述;第七章:交际语法:一个例子;第八章:施为句;第九章:英语里的言语行为动词;第十章:回顾与展望。在这本书中，利奇勾画了语用学的研究范围，指明了语义学和语用学的联系和区别,论述了多种语用原则和准则,尤其是提出"礼貌原则",使运用"合作原则"难以解释的一些话语得到合情合理的解释。《语用学原则》是一本优秀的语用学教材。总之，可以这样说，列文森的《语用学》和利奇的《语用学原则》代表了80年代初语用学研究的最高水平。(2)1986年,国际语用学学会成立,并决定把《语用学杂志》(Journal of Pragmatics)和《语用学与其他学科》(Pragmatics and Beyond)作为学会的学术刊物。(3)1987年,列文森提出"新格赖斯会话含义理论"。(4)1987年,范叔伦(Verschueren)的《语用学:语言适应理论》(Pragmatics As a Theory of Linguistic Adaptation)出版。

  此外,到90年代,语用学研究仍不断有新的研究成果出现。例如:(1)1993年梅(Mey)的《语用学概论》(Pragmatics: An Introduction)出版;(2)1995年托马斯(Thomas)的《言语交际中的意义:语用学概论》(Meaning in Interaction: An Introduction to Pragmatics)出版;(3)1996年尤尔(Yule)的《语用学》(Pragmatics)出版。

  语用学最初是由哲学家提出来的,它经历了一个哲学研究阶段,到70年代引起语言学家的关注,进入了语言研究阶段。七八十年代,语用学有了自己的基本理论和方法,有了自己的学术刊物,有了自己的优秀教材,从而成为语言学的一门独立的新学科。90年代和21世纪头几年,语用学研究进一步发展完善。

1.2 语用学产生和发展的语言学背景

  20世纪初,现代语言学奠基人索绪尔(Saussure)区分语言和言语,认定语言是语言学真正的研究对象;区分内部要素和外部要素,主张"就语言而研究语言",即从语言系统、结构本身去研究语言;区分共时状态和历时演变,认定共时状态的语言是一个表达观念的符号系统,并确认这个系统是语言研究的重点;接着,他又提出了语言系统共时描写的一整套理论和方法。索绪尔的语言学理论开创了20世纪的语言学。后来,受索绪尔语言学理论影响相继出现的结构主义语言学的几个主要学派,例如哥本哈根学派、布拉格学派,尤其是美国描写语言学派,主张研究语言系统、结构,并尽力追求语言描写形式化。公正地说,结构主义语言学在语言结构描写上,尤其是在音位研究和语法研究上取得了令人钦佩的卓越成就,但是,语义研究是个薄弱环节。此外,结构主义语言学倾其全力于语言结构研究而忽视语言运用研究。50年代末,乔姆斯基(Chomsky)提出转换生成语法理论,使语言分析高度形式化。他把语言看作与其功能、使用、使用者无关的一种抽象机制或心智能力,主张只研究语言能力(linguistic competence),不管语言运用(linguistic performance)。乔姆斯基的转换生成语法理论对语言的句法结构有很强的解释力,影响极大,但它只重视语言能力的描写,排除语言运用的研究,在这一点上,比结构主义语言学有过之而无不及。从上述事实可以看到,从结构主义语言学到转换生成语法,存在两大明显的缺陷:(1)忽视语言运用研究;(2)语义研究薄弱。

  科学的发展总是从薄弱环节突破的。先谈纠正忽视语言运用研究的缺陷。语言学家们认识到,语言结构本身的研究和语言运用的研究关系密切,语言是人类最重要的交际工具,只研究语言结构,不研究语言运用,是根本不行的。因为交际是语言的基本社会功能,交际工具这一基本属性就决定了研究语言运用的必要性和重要性。此外,到20世纪五六十年代,语言系统、结构的研究已经取得了杰出成就,完全具备了重点研究语言运用的条件和可能性。可以说,加强语言运用的研究促进了语用学的产生和蓬勃发展。再谈纠正语义研究薄弱的缺陷。结构主义语言学语义研究薄弱是公认的事实。乔姆斯基1957年出版的《句法结构》(*Syntactic Structures*)中也未涉及语义。针对这种情况,一些语言学家认为应该加强语义研究。从50年代起,对语义研究的兴趣逐渐浓起来,并出版了一些语义学专著,例如:乌尔曼(Ullmann)的《语义学原理》(1950年初版,

1957年第二版)和《语义学:意义科学导论》(1962年);乔治(George)的《语义学》(1964年)。1966年在波兰召开的"国际语义学讨论会"反映出国际语言学界对语义研究的重视和期望,语义研究出现了新热潮,语义学家们努力改变语义研究落后于音位研究和语法研究的局面,不断取得新的研究成果,陆续出版了几部重要的语义学著作,例如:卡茨(Katz)的《语义理论》(1972年);利奇(Leech)的《语义学》(1974年初版,1981年第二版);帕默(Palmer)的《语义学》(1976年初版,1982年第二版);坎普森(Kempson)的《语义理论》(1977年);莱昂斯(Lyons)的《语义学》(1977年)。语义研究的加强同样促进了语用学的产生和蓬勃发展。

现代语义学最显著的特点是:从以词为中心的语义研究(词义学)扩展到句子意义的研究和话语意义、语篇意义的研究。这样,语义研究就变得十分纷繁复杂了。研究者认识到:语义研究跟语言运用研究是紧密相关的。在言语交际中,语义研究会遇到许多难题。例如:(1)"There is a dog at the gate."(门口有一条狗。)这句话可以判断其真或假,但在特定语境中使用时,说话人说这句话的意图并不体现在话语的字面意义上,而是警告或者恫吓听话人。(2)"I sentence you to five years of hard labour."(我判你五年苦役。)这句话不存在真或假的问题,因为这类话语本身就是实施某种行为,只要具备"合适条件"(felicity condition),行为就能圆满地得以执行。(3)"He was born here ten years ago."(他十年前出生在这里。)听话人如果不知道He指的是谁,不知道说话的具体地点和时间,就无法准确地理解这句话。通常,语义学家们是依据"真值论"(语句的意义跟命题的真或假有关)来确定语句的意义的。按照这种理论行事,只能把上述这些无法确定其真或假的不符合语义理论常规的话语,即非真值条件话语,都扔进语义学的"废物箱"中。但这样处置后果十分严重:许多话语会因得不到准确理解而导致交际中断或失败。庆幸的是,一些别具慧眼的学者通过艰辛的研究,"化腐朽为神奇",把"废物箱"中的"废物"变成了语用学这门语言学的新学科的宝贵财富。上面谈到的例(1)、(2)、(3)三类话语分别属于语用学的三个主要课题:会话含义、言语行为和指示词语。由此看来,正是语义研究遇到了难以解决的新问题,才为语用学的产生和发展提供了良好机遇。

语义学和语用学都研究意义,那么该怎样划清语义学和语用学的界限呢?利奇在《语义学》(第二版)中说:"从最普遍的意义上来说,语用学研究语言符号及其使用者之间的关系。使用语用学这一术语一般意味着要区别对待语言本身,即抽象的语言能力跟说话人及听话人对抽象的语言能力的运用。因此,语义学和语用学之间的区别大体上就是意义(meaning)和用法(use)之间的区别,或更一般地说,就是语言能力(Competence)和语言运用(Performance)之间的区别。"(Leech,1981:319)利奇指出:关于语义学和语用学之间的关系的争论可以概括为以下三种逻辑上完全不同的观点:

(1) 语用学应该归入语义学。

(2) 语义学应该归入语用学。

(3) 语义学和语用学是互不相同但又互相补充的研究领域。

利奇表明他采用第(3)种观点,并指出:这种观点可能是当前语言学界被广泛采用的观点。利奇指出:英语动词 mean 有两种主要用法:① 2 价用法,即 X 意指 Y——这是语义学。例如 donkey 的意义是"驴子"。② 3 价用法,即通过话语 X,说话人 S 意指 Y——这是语用学。利奇举了一个有趣的例子。特罗伍德小姐对女仆珍妮说(取自狄更斯的小说《大卫·科波菲尔》):

Janet! Donkeys!

我们知道,donkey 的意思是"驴子"。但是,特罗伍德小姐说这句话的意图显然不在话语的"字面意义",而是命令女仆珍妮"把驴子赶出宅前的草坪"。很清楚,这个例子不仅仅是把意义看作语言的一个特征,而且是把意义看作特定的说话人在特定的语境中对语言的用法。这种通过 X,S 的意思是 Y 的用法就是语用问题。接着,利奇(Leech,1981:320-321)指出:"对意义的讨论是否属于语用学的范围有下述几个明显的判断标准:

① 是否考虑了说话人和听话人;

② 是否考虑了说话人的意图或听话人的解释;

③ 是否考虑了语境;

④ 是否考虑了通过使用语言或依靠使用语言而实施的那种行为或行动。

如果对这些问题的回答有一个或一个以上是肯定的,就有理由认为我们是在讨论语用学。"我们认为,利奇提出的判断标准是切实有效的。

1.3 语用学和语言学其他分支学科的关系

在§1.2中,作为语用学产生和发展的语言学背景之一,我们讨论了语用学和语义学的关系。但对语用学和语言学其他分支学科的关系,学者们有许多不同的看法。我们介绍一下廖秋忠(1991)归纳出来的六种有代表性的看法。请注意:图表中,垂线表示彼此有联系,箭头表示作用的方向。

A:以 Akmajian 等为代表的观点。这种观点比较早,也比较简单,认为语言内部各个组成部件体现不同的结构层次。

B:利奇的观点:语法和语用是语言的两个子系统,语用透过语义和整个语法系统发生相互作用。

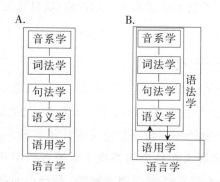

C:卡兹和盖兹达等许多语义学家和语用学家的观点:语用是意义研究的一部分,跟语义(一般指真值条件或字面意义)对立。

D:Akmajian 等认为语用学是研究语言的使用。(范叔伦认为语用学是一种从功能的适应性来看待语言的观点,跟观点 D 相似。)

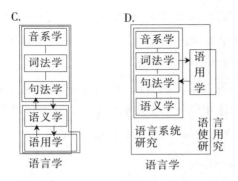

E:篇章语言学家,如 Givón 和 Thompson 等,认为篇章(discourse)是研究实际运用中的语言,因此语用研究包含在篇章研究之内,在他们的著作中,语用和篇章经常不分或并列。

F:篇章语言学家 van Dijk 和 Longacre 把篇章研究分为三个层面,即章法学、章义学、章用学。

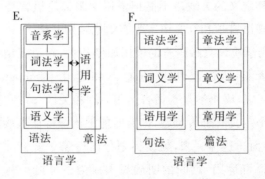

从上面介绍的情况来看,学者们对语用学和语言学其他分支学科的关系有明显不同的看法,这无疑会影响到给语用学下定义。

1.4 语用学的定义

给语用学下一个恰切的或完备的定义,看来是不容易的。

列文森在他 1983 年出版的教材《语用学》一书中谈到了九种不同的语用学定义(序号 1—9 是本书作者所加)。他指出:我们考虑语用学的一组可能的定义,它们中的每一种都有某些缺欠或异议,但用这种方式,通过各个侧面进行探讨,至少能获得一般情状的一个概观。

(1)"语用学是对说明为什么某一组句子是不规则的或者某些话语是不可能的那些规则的研究。"(p.6)

简评:这类研究虽说是说明跟语用学相关的那类原则的一种好的方式,但它很难成为语用学的一个明确的定义。理由很简单:这些语用上的不规则性是预先决定的而不是说明性的。例如:

?? Come there please!

?? Fred's children are hippies, and he has no children.

?? I order you not to obey this order.

(注:例句开头的??表示这些句子在语用上是不规则的)

(2)"语用学是从功能的观点,即试图通过涉及非语言的强制和原因来解释语言结构的某些方面来对语言进行研究。"(p.7)

简评:这种定义的欠缺是不能把语用学跟关注语言功能研究的其他学科,例如心理语言学和社会语言学有效地区别开来。

(3)"语用学应该只跟语言的使用原则相关,跟语言结构的描写无任何关系。或者援引乔姆斯基的能力和运用(competence and performance)的区别,语用学只跟语言运用原则相关。"(p.7)

简评:这个定义有个大难题,即有时能把语境特征直接地编码入语言结构的某些方面。这样一来,就使得划分语境独立语法(语言能力)和语境依赖解释(语言运用)之间的明确界限成为不可能。例如,卡兹指出:rabbit(兔子)和bunny(小兔儿)或者dog(狗)和doggie(小狗儿),这两组成对词的第二个成员都适合为小孩儿所使用。这种区别关系到语境中合适的使用者,这种区别不是英语的语言描写的部分,只是表明每对词的成员都是同义的。可是,十分清楚,这种区别已嵌入语言。在许多语言里,参与者之间的身份关系也以同样的方式被编码入词汇和形态中。

(4)"语用学既包含语言结构的语境依赖的各方面,也包含跟语言结构没有关系或很少有关系的语言的运用和理解的各项原则。"(p.9)

简评:这是一个重要的定义。列文森指出:"提炼出这样一个恰当地包含这两个方面的定义是困难的。这并不意味着语用学是个大杂烩,即它跟语言的很不相同的、无关联的方面都有关系,而是说,语用学家们对语言结构和语言使用的原则的相互关系特别感兴趣。"(p.9)

(5)"语用学是对在一种语言的结构中被语法化或被编码的那些语言和语境之间的关系的研究",或者用另一种方式来说,"语用学是对语言和语法的书面形式相关的语境之间的关系的研究"。(p.9)

关于"语法化或语言编码"(grammaticalization or linguistic encoding),列文森说:"语法化或语言编码观念是棘手的。若使其奏效,我们需要区别语言形式和把语境意义融入相关的语言形式的语境之间的相互关系。"(p.10)

简评:这个定义把语用学局限于研究语言结构的一些方面。这样定义的语用学的范围包括指示词语和敬语等,也许还会研究预设和言语行为,但它排斥研究不能在语言的语法上显现反响的语言使用的一些原则,尤其是把极为重要的会话含义排除在语用学理论的视野之外,实属缺憾。但另一方面,这样定义的语用学范围也有其优越性,即能有效地划清语用学跟毗邻学科如社会语言学、心理语言学的界限。

(6)"语用学是对未被纳入语义理论的所有那些意义方面的研究。或者如盖兹达(Gazdar,1979)说的,假定语义学被限定在陈述真值条件,语用学就是这样一种话题,它研究不直接涉及说出的句子的真值条件的那些话语的意义的各方面。粗略地说,即是:语用学=意义-真值条件。"(p.12)

若想真正懂得这个定义,必须先谈谈"真值条件"。"真值条件"(truth condition)这个术语是波兰逻辑学家塔斯基(Tarski)提出来的。塔斯基的公式是:S is true if and only if P(在且仅在 P 的条件下,S 才是真实的)。公式中的 S 代表句子,P 代表描写 S 的真实条件的一组命题。塔斯基的兴趣是把真值概念(concept of truth)变成用公式表达的数学语言,但是后来语义学家们认为自然语言的意义也可以用塔斯基的真值条件来阐释,因为知道句子的意义就相当于知道这些使句子真实的条件。由此可知,所谓真值条件就是能使句子为真的那些条件。这里,衡量"真"的标准是句子陈述的事情符合现实世界的真实情况。

简评:定义(6)是从语义学跟语用学的分工出发给语用学下定义的。

"语义学"这个术语有"广义语义学"和"狭义语义学"之分。广义的语义学研究所有的(全部)意义;狭义的语义学(审慎受限的语义理论)只研究跟句子的真值条件相关的意义。采用狭义的语义理论,就会有大量的"剩余意义"留给语用学去研究了。可以这样说:语义学、语用学都研究意义,但它们互补,不重复,各有自己的研究领域。

(7)"语用学是对语言和语境之间对说明语言理解具有重要性的那些关系的研究。"(p.21)

简评:这个定义的可取之处在于它承认语用学在本质上是跟推导相关的:在语境中发出一个语言形式,听话人要想准确地理解它,语用理论就必须对预设、含义、语义等作出推导。这个定义的缺点也很清楚:语用学要研究语言知识跟交际参与者的关于世界的全部(百科全书般的)知识之间的相互关系,这显然是一个艰难的任务。

(8)"语用学是对语言的使用者把句子跟使句子合适的语境相匹配的能力的研究。"(p.24)

简评:这个定义把语用学定为对语言的使用者合适地使用语言的能力的研究,它得到许多语言学家甚至哲学家的支持。但这个定义也存在不少困扰人的问题:首先,从结果上看,这样定义的语用学跟社会语言学的解释完全相同,社会语言学家海姆斯(Hymes,1972)就主张社会语言学研究交际能力(communicative competence);其次,这个定义要求文化上同质的一个基本理想化的语言社会;第三,一种语言的说话人使用语言的能力并不总是跟受欢迎的交际方式一致,他可能说些跟语境不合适的话。

(9)"语用学是对指示词语(至少是其中的一部分)、含义、预设、言语行为和语篇结构的某些方面的研究。"(p.27)

简评:这个定义只是列出语用学应该研究的一些主要课题,并未揭示出语用学的本质。

在上面,我们介绍了列文森《语用学》中提到的九种语用学定义,可以这么说,没有一种是令人完全满意的,它们各有自身的优点和缺点。那么相对地说,哪一种定义较为完备、较有价值呢?我们认为定义(6)(即:"语用学是对未被纳入语义理论的所有那些意义方面的研究。或者如盖兹达(Gazdar,1979)说的,假定语义学被限定在陈述真值条件,语用学就是这样一种话题,它研究不直接涉及说出的句子的真值条件的那些话语的意义的各方面。粗略地说,即是:语用学＝意义－真值条件。")比较好。因为语用学研究的首要任务是划清语用学和语义学的界限,以便确定语用学的研究范围,定义(6)正好能满足这一需求。列文森说:"我们假定,一种语义理论是真值条件的。……要求最窄范围的语义学,把这样一种理论推荐给语用学家们有下述理由:第一,它是现在唯一的一种有成效的理论;精确地足以预断性地探究语义学和语用学的界限的性质,或这两者之间的相互作用。第二,它可以论证多数其他理论,例如那些基于语义成分的理论,就其内在的一贯性和逻辑界限来说,是能归入真值条件语义理论的。第三,它也许是在语言学界和哲学界得到多数人支持的一种理论,尽管不乏反对者,也还存在一些解决不了的问题。最后,语用学中的许多问题,从历史上看,是由特定的优越地位引起的,要理解它们,至少必须得首先从同一方面加以探讨。最终,语用学家有可能解开费解现象之谜,无论怎样,语义理论是为运作目的而设定的。"(Levinson,1983:14-15)这样,就明确地划清了语义学和语用学的研究范围:语义学只研究句子的真值条件意义;语用学则研究"意义－真值条件"的那些意义。

我们说列文森提到的定义(6)是比较好的,但并未说它是比较完备的。我们认为,定义(6)再加上定义(4)(即:"语用学既包含语言结构的语境依赖的各方面,也包含跟语言结构没有关系或很少有关系的语言的运用和理解的各项原则。"),语用学的定义才能是比较完备的。基于这样的认识,我们给语用学下一个新定义:**语用学研究在不同语境中话语意义的恰当表达和准确理解,寻找并确立使话语意义得以恰当表达和准确理解的基本原则和准则**。我们是在言语交际的总框架中阐释话语意义的恰当表达和准确理解的。这里,"话语意义的恰当表达"是指说话人针对不同的语境把自己的意图选用恰当的言语形式表达出来;"话语意义的准确理解"是指听话人依据说话人已说出来的话语的字面意义和特定环境推导出说话人所说话语的准确含义。言语交际是双向的,语用学强调听话人的准确理解,因为只有听话人理解了说话人所说话语的准确含义,才可能达到最佳交际效果。

1.5　语用学的研究方法

语用学的研究方法可分为三种不同的类型:

(一) 纯语用学(pure pragmatics)

纯语用学也叫作形式语用学,是语言哲学领域的重要研究内容之一,它研究语用学的形式和范畴,研究语用学形式化的最适宜的方法。例如蒙塔古(Montague)的"蒙塔古语法"就是按形式语义学的模型理论(Model Theory)进行纯语用学的研究。此外,盖兹达的《语用学:含义、预设和逻辑式》(*Pragmatics*:*Implicature*,*Presupposition and Logical Form*,1979)也运用形式化方法研究语用学。

(二) 描写语用学(descriptive pragmatics)

描写语用学致力于描写人的来自经验的有关自然语言的运用原则,分析自然语言怎样跟语境相联系,关注人们为达到特定的交际意图在一定的语境中恰当地使用语言和准确地理解话语的语用能力。

(三) 应用语用学(applied pragmatics)

应用语用学领域中,外语教学、人机对话和人工智能、不同语言间的语用对比研究等是最有实用价值的。

在以上这三种不同类型的研究中,描写语用学是语用学家关注的重点。

1.6　语用学的研究内容

语用学,特别是描写语用学,由于哲学家、语言学家不断提出新问题,研究新课题,取得新的研究成果,而得到了发展和充实,到20世纪七八十年代已成为一门重要的、有活力的、有魅力的语言学新学科。尽管到现在为止尚未达到完全成熟阶段,但它是一个大有可为的新学科。我们认为,语用学的研究内容应包括以下六个方面:

一、语境

二、指示词语

三、会话含义
四、预设
五、言语行为
六、会话结构

1.7　语用学研究的理论意义和实用价值

《语用学杂志》创刊号的社论赋予语用学至高无上的地位,宣称:"语用学能够对语言提出一系列至关重要的问题","在我们限定的意义上,搞语用学就是搞语言学,反之亦然","全部语言学都是语用的","语用语言学就其本性来说,它的出发点就是研究制约人类社会行为的基本规律"。公正地说,这种评论有言过其实之嫌。

我们认为,语用学为语言研究开辟出了一片广阔的新天地,它从交际功能的角度研究语言,促进了语言研究的新发展。研究者们认识到,只研究语言系统、结构是不够的,还必须研究语言运用。语用学研究为言语交际中话语意义的恰当表达和准确理解提出了理论、方法和一套应该遵从的原则和准则,有利于提高人们的语言运用能力和语言修养,对精神文明建设起着重要作用。此外,语用学研究可以缩小社会语言学、心理语言学等学科之间的距离,并对修辞学和文学研究大有助益,特别是对外语教学、不同语言之间的语用对比研究、人工智能研究等有明显的实用价值。

二 语 境

2.1 从语用学的新定义来看研究语境的重要性

在绪论中,我们给语用学下了一个新定义,即"语用学研究在不同语境中话语意义的恰当表达和准确理解,寻找并确立使话语意义得以恰当表达和准确理解的基本原则和准则"。从这个定义中,我们清楚地看到,"话语意义的恰当表达和准确理解"是在不同的语境中进行的。在言语交际中,离开语境,只通过言语形式本身,说话人往往不能恰当地表达自己的意图,听话人也往往不能准确地理解说话人的真正意图。因为要准确地理解说话人的话语所传递的信息,仅理解言语形式的"字面意义"是不够的,还必须依据当时的语境推导出言语形式的"言外之意"(超越字面的意义)。例如,暑假期间,一位好友来访,进入客厅后,他说:"这客厅里真热!"作为主人,你如何理解这句话呢?你回答:"是,这客厅里温度很高。"这样来理解这句话符合说话人的意图吗?显然不符合。你必须通过"这客厅里真热"这句话的字面意义,依据语境,推导出客人说这句话的真正意图,即希望打开空调或电扇。又如,在西餐馆里,顾客对服务员说:"我缺一把刀子。"这句话的意义显然不仅仅是一个"陈述",而是一个"请求":"请递给我一把餐刀。"再如,"你真坏!"这句话,在不同的语境里其语用含义是很不同的:①一对年轻的恋人,女郎对男友说;②妈妈对小淘气鬼儿子说;③斥责干了坏事的成年人。

在言语交际中,语境对话语意义的恰当表达和准确理解起着重要作用。因此,语用学应该重视语境,研究语境。

语境的重要性能从指示词语、会话含义、言语行为等的研究中充分显示出来。

2.2 国外语言学界语境研究概述

"语境"(context)这个术语是波兰籍人类语言学家马林诺夫斯基(Malinowski)1923 年提出来的(见 Malinowski 1923 年为 Ogden 和 Richards 所著《意义的意义》(*The Meaning of Meaning*)一书所写的补录)。他把语境分为两类:文化语境(Context of culture)和情景语境(Context of situation)。"文化语境"指说话人生活于其中的社会文化背景;"情景语境"指言语行为发生时的具体情境。

"伦敦学派"的创始人弗思(Firth)接受了马林诺夫斯基提出的"语境"这个术语,不过比较完整的语境理论是由弗思创立的。这里,我们介绍一下弗思创立的语境理论(这种语境理论实际上是语义方面的语境理论)。

在马林诺夫斯基的影响下,弗思把"语言"看成是"社会过程",是人类的"一种生活方式","一种行为方式"。他认为"语言"有三种含义:①我们的本性中有一种渴望和动机,迫使我们使用声音、手势、符号和象征。在此意义上,语言是一种自然倾向。②由于教养的结果,学会了传统的系统或说话的习惯,社会活动使这种系统或习惯保持下来。这就是说,语言是一个系统。③我们用"语言"泛指许多个人的话语或社会生活中无数的话语事件。从社会角度观察语言,是弗思语言理论的特点,他试图把语言研究和社会研究结合起来。弗思对语言进行社会学研究是从意义着手的。他所说的"意义"不限于词汇意义和语法意义,还包括语境中的意义。弗思扩展了马林诺夫斯基的"语境"概念,指明除了语言本身的上下文以及在语言出现的环境中人们所从事的活动之外,整个社会环境、文化、信仰、参与者的身份、经历、参与者之间的关系等,都构成语境的一部分。弗思认为,语言学研究的任务就在于把语言中各个有意义的方面与非语言因素联系起来。他在《语言理论概要》(*A Synopsis of Linguistic Theory: Studies in Linguistic Analysis*,1957)中,对"语境"作了较详细的阐述。弗思语境图示如下:

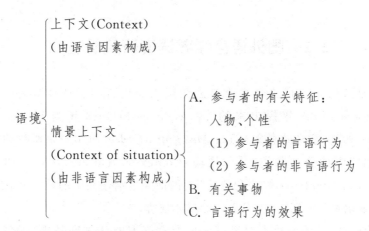

弗思创立了比较完整的语境理论。

韩礼德(Halliday)从弗思的"情景语境"得到启示,于1964年提出"语域"(register)这个术语,实际上就是"语境"。他把"语域"分为三个方面:

语域 ｛ 话语的范围(field):即言语活动涉及的范围,如政治、文艺、科技、日常生活等。
话语的方式(mode):即言语活动的媒介,如口头方式、书面方式。
话语的风格(tenor):指交际者的地位、身份、关系等。

韩礼德指出,"范围"、"方式"、"交际者"作为语域的三个组成部分,其中每个组成部分的改变都能产生新的语域。他说:"范围是话语在其中行使功能的整个事件以及说话人或写作者有目的的活动。因此,它包括话语的主题。方式是事件中的话语功能,因此它包括语言采用的渠道——说或写,即席的或有准备的,以及语言的风格,或者叫作修辞方式——叙述、说教、劝导、应酬等。交际者指交际中的角色类型,即话语的参与者之间的一套永久性的或暂时性的相应的社会关系。范围、方式和交际者一起组成一段话语的情景语境。"(Halliday & Hasan,1976:22)

韩礼德是弗思之后在语境研究上最有成就的语言学家。

海姆斯(Hymes,1972)进一步发展了语境学说。他把语境归纳为八个部分:"话语的形式和内容、背景、参与者、目的、音调、媒介、风格和相互作用的规范。"海姆斯指出:人们进行社会交际时,要有在一定的时间、地点、场合说出相应恰当话语的能力,即"交际能力"。这种交际能力是由于人和社会环境相互作用而形成的。人们说话既要符合语言规则,又要适应言语环境。

莱昂斯(Lyons)对语境研究也作出过贡献。他在论述话语的合适性时归纳出构成语境的六个方面的知识(Lyons,1977:574-585),即:

① 每个参与者必须知道自己在整个语言活动中所起的作用和所处的地位。
② 每个参与者必须知道语言活动发生的时间和空间。
③ 每个参与者必须能明辨语言活动情景的正式程度。
④ 每个参与者必须知道对特定情景来说,什么是合适的交际媒介。
⑤ 每个参与者必须知道怎样使自己的话语适合语言活动的话题,以及话题对选定方言或选定语言(在双语或多语社会中)的重要性。
⑥ 每个参与者必须知道怎样使自己的话语适合情景所归属的语域。

2.3　语境的定义和研究内容

语言是人类最重要的交际工具,但语言的交际功能却只有在合适的语境中才能完满地实现。语境在言语交际中的重要作用,不但为西方语言学家所关注,而且同样也为我国语言学家所重视。

语境和语境的重要作用,早在我国的传统语文学就已经被注意到了(尽管当时尚无"语境"这个术语)。例如,唐孔颖达《春秋大传正义》卷一说:"褒贬虽在一字,不可单书一字以见褒贬……经之字也,一字异不得成为一义,故经必数句以成言。"这就是说,春秋笔法虽一字见褒贬,但必须有数句作为上下文,褒贬才能准确地显示出来,即"数句"是"一字"的语境。南朝刘勰《文心雕龙·章句》中说:"夫人之立言,因字而生句,积句而为章,积章而成篇。篇之彪炳,章无疵也;章之明靡,句无玷也;句之清英,字不妄也。"这表明,刘勰已经从字、句、章、篇的相互关系来说明上下文(语境)对话语意义的表达和理解的重要作用了。

到 20 世纪 30 年代,我国语言学界对语境和语境的重要作用(主要是从修辞学角度)更有了一些重要的新认识。陈望道在 1932 年出版的《修辞学发凡》中说:"修辞学以适应题旨情境为第一义,不应是仅仅语辞的修饰,更不应是离开情意的修饰。……凡是成功的修辞,必定能够适合内容复杂的题旨,内容复杂的情境。极尽语言文字的可能性,使人觉得无可移易,至少写说者自己以为无可移易。"(陈望道,1979:11)在此,陈望道提出了"题旨"与"情境"相适应的理论:认为只有做到使"内容复杂的题旨"与"内容复杂的情境"相适合,才能称之为"成功的修辞"。陈望道提出的"情境"显然就是弗思提出的"情景语境"。在《修辞学发凡》中,陈望道还提出了"六何说",即:"第一个'何故',是说写说的目的:如为劝化人的还是想使人了解自己意见或是同人辩论的。第二个'何事',是说写说的事项:是日常的琐事还是学术的讨论等等。第三个'何人',是说认清是谁对谁说的,就是写说者和读听者的关系。如读听者为文学青年还是一般群众之类。第四个'何地',是说认清说者当时在甚么地方:在城市还是在乡村之类。第五个'何时',是说写说的当时是甚么时候:小之年月,大之时代。第六个'何如',是说怎样的写说:如怎样剪裁、怎样配置之类。"(陈望道,1979:7-8)很明显,陈望道提出的"六何"就是构成语境的基本要素。他不仅提出了构成语境的要素,而且还阐明了修辞对语境的依赖关系,即"我们知道切实的自然的积极修辞多半是对应情境的:或则对应写说者和读听者的自然环境社会环境,即双方共同的经验,因此生在山东的常见泰山,便常把泰山来喻事情的重大,生在古代的常见飞矢,便常把飞矢来喻事情的快速;或则对应写说者心境或写说者同读听者的亲疏关系、立场关系、经验关系,以及其他种种关系,因此或相嘲谑,或相反诘,或故意夸张,或有意隐讳,或只以疑问表意,或单以感叹抒情"(陈望道,1979:10)。

陈望道在《修辞学发凡》中提出的"题旨与情境相适应理论"、"六何说",以及"成功的修辞必须依赖情境的理论",从修辞学的角度促进了语境研究的发展,是应该充分肯定的。但是,也必须看到陈望道有关"情境"论述的一些重要缺陷,即他认为:"技巧是临时的,贵在随机应变,应用什么方式应付当前的题旨和情境,大抵没有定规可以遵守,也不应受什么条规的约束。"(陈望道,1979:11)这就是说,他认为题旨与情境(语境)的适应没有什么规律,也不必去寻找什么规律。这从当今语用学的角度来评判,显然是有缺陷的。

到 20 世纪 60 年代,我国又有一些学者从修辞学或语体、风格等方面进一步研究语境问题,取得了不少新成果。

从上面谈到的国外语言学界和国内语言学界关于语境研究的情况可以看到,中外语言学家都非常重视语境,但究竟应该如何给"语境"下一个恰切的定义,"语境"的研究内容究竟是什么?到目前为止,国内外语言学界尚无完全一致的意见。

我们认为,这样给语境下定义较为恰当:语境是人们运用自然语言进行言语交际的言语环境。这个定义指明:①我们研究的是运用自然语言(不是人工语言)进行的言语交际;②言语交际有成效地进行(即说话人恰当地表达话语意义和听话人准确地理解话语意义)必须依赖言语环境。正因为如此,我们认为"语境"是指言语环境,而不是语言环境。

那么,这样定义的语境其研究内容是什么呢?图示如下:

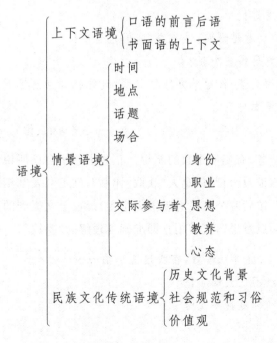

语境的研究内容为什么要包括这三个方面呢?我们认为,依据我们

给语境下的定义,语境的研究内容应该扩大,它应该包括图示中的三个方面:(一)上下文语境(即 Context,由语言因素构成);(二)情景语境(即 Context of situation,由非语言因素构成);(三)民族文化传统语境。只有包括这三个方面,语境的研究内容才趋于完备、合理。(一)、(二)两方面不会有什么太大争议,问题在为什么把"民族文化传统"单独列为一类语境。在我们看来,这是因为言语交际的涉及面非常广,既论今谈古,又沟通中外,要做到这些,就必须关注中外差异(不同民族的历史文化背景差异、风俗习惯差异、价值观差异)与古今差异(同一民族不同历史时期的差异)。

下面,我们举些例子对语境图示中提到的三个方面分别作些分析说明:

(一)上下文语境:

〈1〉宋恩子　我出个不很高明的主意:干脆来个包月,每月一号,按阳历算,你把那点……

　　吴祥子　那点意思!

　　宋恩子　对,那点意思送到,你省事,我们也省事!

　　王利发　那点意思得多少呢?

　　吴祥子　多年的交情,你看着办!你聪明,还能把那点意思闹成不好意思吗?

——老舍《茶馆》

宋恩子、吴祥子是老式特务,有奶便是娘的恶棍。正如宋恩子自己所说的那样:"谁给饭吃,咱们给谁效力!"以"拿人"获取"津贴",到王利发掌柜的茶馆搜捕爱国大学生(茶馆后院公寓住有爱国大学生)。在上文提到的这种语境下,宋、吴一提"那点意思",王掌柜立即准确地理解为"要钱"。

〈2〉王利发　唐先生,你那点嗜好,在我这儿恐怕……

　　唐铁嘴　我已经不吃大烟了!

　　王利发　真的?你可真要发财了!

唐铁嘴　我改抽"白面"啦。

　　　　　　　　　　　　　　　——老舍《茶馆》

在这段对话中,为什么王掌柜一说"你那点嗜好",唐铁嘴就能准确地知道王掌柜是指他"抽大烟"呢？这主要是"上文语境"在起作用,因为唐铁嘴清楚地记得从前王掌柜对他的告诫:"我告诉你,你要是不戒了大烟,就永远交不了好运。"其次,下文"你可真要发财了！"也起到了一定的照应作用。

　　(二) 情景语境

　　(1) 时间和地点

　　言语交际总是在特定的时间、地点进行的。把话语置于特定的时空语境下才能准确理解其意义。例如：

　　〈3〉王利发　诸位主顾,咱们还是莫谈国事吧！

　　　　　　　　　　　　　　　——老舍《茶馆》

怎样才能准确理解王掌柜对茶客们"莫谈国事"这一劝告话语的意义呢？这就必须依赖说这话的时空语境:时间是1898年(戊戌)初秋,当时正值康梁变法维新运动刚刚失败,地点是北京裕泰茶馆。在那种时空语境下,老百姓"谈国事"是要招致杀身之祸的。如果把"莫谈国事"这同一句话用于当今北京的某一茶馆,显然是极不适宜的。

　　(2) 话题

　　言语交际总会涉及话题,而话题是多种多样的,包括人和各种事物。话题不同,使用的话语也随之不同；话语要适应话题。例如：谈论好人好事,多用赞颂的话语；谈论坏人坏事,多用贬斥的话语；谈论喜庆的事,多用欢快的话语；谈论不幸的事,多用悲切的话语等。

　　我们举些例子来谈谈：

　　① 谈论好人好事,多用赞颂的话语：

　　〈4〉赵老　测量队到了,给咱们看地势,好修沟！

　　　　四嫂　修沟？修咱们的龙须沟？

　　　　赵老　就是！修这条从来没人管的臭沟！

　　　　四嫂　赵大爷,我,我磕个响头！(跪下,磕了个头)

　　　　　……

二春　这太棒了！想想看,没了臭水,没了臭味,没了苍蝇,没了蚊子,呕,太棒了！赵大爷,恶霸没了,又这么一修沟,咱们这儿还不快变成东安市场？从此,谁敢再说政府半句坏话,我就掰下他的脑袋来！

——老舍《龙须沟》

上面这段对话的话题是龙须沟居民赞颂人民政府爱民修沟。

　　② 谈论坏人坏事,多用贬斥的话语:

〈5〉赵老　告诉你吧,狗子,你还年轻,为什么不改邪归正,找点正经事作作？

　　狗子　我？(迟疑、矛盾、故作倔强)

　　赵老　(见狗子现在仍不觉悟,于是威严地)你！不用嘴强身子弱地瞎搭讪！我要给你个机会,教你学好。黑旋风应当枪毙！你不过是他的小狗腿子,只要肯学好,还有希望。你回去好好地想想,仔细地想想我的话。听我的话呢,我会帮助你,找条正路儿;不听我的话呢,你终久是玩完！去吧！

——老舍《龙须沟》

上面这段话的话题是除恶霸改造坏人。赵老是泥水匠、工人,为人正直义气,新中国成立初(1950年前后)是龙须沟地区的治安委员。他对狗子说的一段话适应话题的要求:恶霸黑旋风应当枪毙,恶霸的狗腿子给予改邪归正、重新做人的机会。

　　③ 谈论喜庆的事,多用欢快的话语:

〈6〉大妈　四嫂哇！您看二春这个丫头,今儿个也不是又上哪儿疯去了！我这儿给她赶件小褂,连穿上试试的工夫都抓不着她！

　　四嫂　她忙啊！今天咱们门口的暗沟完工,也不是要开什么大会,就是办喜事的意思。她说啦,您、我、娘子都得去;要不怎么我换上新鞋新袜子呢！您看,这双鞋还真抱脚儿,肥瘦儿都合适！

大妈　我可不去开会！人家说什么，我老听不懂。

四嫂　也没什么难懂的。反正说的都离不开修沟，修沟反正是好事，好事反正就得拍巴掌，拍巴掌反正不会有错儿，是不是？老太太！

大妈　哼，你也跟二春差不多了，为修沟的事，一天到晚乐得并不上嘴儿！

大妈　二春快来试试衣裳！（提着花短褂给二春穿）

二春　（试着衣裳）妈，今儿个可热闹了，市长、市委书记还来哪！妈，您去不去呀？

大妈　不去，我看家！

二春　还是这样不是？用不着您看家，待会儿有警察来照应着这条街，去，换上新衣裳去！教市长看看您！

娘子　您就去吧，老太太！龙须沟不会天天有这样的热闹事。

四嫂　您去！我保驾！

大妈　好吧！我去！（入室）

四嫂　戴上您那朵小红石榴花儿！

——老舍《龙须沟》

上面两段对话的话题是居民们欢庆龙须沟治理工程完工。

④ 谈论不幸的事，多用悲切的话语：

〈7〉赵老　四奶奶，起来啦？

四嫂　（悲哀地）一夜压根儿没睡！我哪能睡得着呢？

赵老　不能那么心重啊，四奶奶！丁四呢？

四嫂　他又一夜没回来！昨儿个晚上，我劝他改行，又拌了几句嘴，他又看我想小妞子，嫌别扭，一赌气子拿起腿来走啦！

赵老　他也是难受啊。本来嘛，活生生的孩子，拉扯到那么大，太不容易啦！这条臭沟呀，就是要命鬼！（看见四嫂要哭）别哭！别哭！四奶奶！

——老舍《龙须沟》

上面这段话的话题是四嫂的女儿小妞子掉入龙须沟溺水身亡(新中国成立前夕)一周年给亲邻们带来的悲痛。

(3) 场合

"场合"是指在一定的时间、地点,一些人就某个话题,以某种方式,为某种目的(意图)进行言语交际的一种景况。场合在言语交际中起着重要作用,交际者的话语要适应场合。例如:

⟨8⟩ 秦仲义　王掌柜在吗?

　　常四爷　在!您是……

　　秦仲义　我姓秦。

　　常四爷　秦二爷。

　　王利发　(端茶来)谁?秦二爷?正想去告诉您一声,这儿要大改良!坐!坐!

　　常四爷　我这儿有点花生米,(抓)喝茶吃花生米,这可真是个乐子!

　　秦仲义　可是谁嚼得动呢?

　　王利发　看多么邪门,好容易有了花生米,可全嚼不动!多么可笑!怎样啊?秦二爷!(都坐下)

　　秦仲义　别人都不理我啦,我来跟你说说:我到天津去了一趟,看看我的工厂!

　　王利发　不是没收了吗?又物归原主啦?这可是喜事!

　　秦仲义　拆了!

　　常四爷
　　王利发　拆了?

　　秦仲义　拆了!我四十年的心血啊,拆了!别人不知道,王掌柜你知道:我从二十多岁起,就主张实业救国。到而今……抢去我的工厂,好,我的势力小,干不过他们!可倒好好地办哪,那是富国裕民的事业呀!结果,拆了,机器都当碎铜烂铁卖了!全世界,全世界找得到这样的政府找不到?我问你!

二 语 境 27

王利发　当初,我开的好好的公寓,您非盖仓库不可。看,仓库查封,货物全叫他们偷光!当初,我劝您别把财产都出手,您非都卖了开工厂不可!

常四爷　还记得吧?当初,我给那个卖小妞的小媳妇一碗面吃,您还说风凉话呢。

秦仲义　现在我明白了!王掌柜,求你一件事吧:(掏出一二机器小零件和一枝钢笔管来)工厂拆平了,这是我由那儿捡来的小东西。这枝笔上刻着我的名字呢,它知道,我用它签过多少张支票,写过多少计划书。我把它们交给你,没事的时候,你可以跟喝茶的人们当个笑话谈谈,你说呀:当初有那么一个不知好歹的秦某人,爱办实业。办了几十年,临完他只由工厂的土堆里捡回来这么点小东西!你应该劝告大家,有钱哪,就该吃喝嫖赌,胡作非为,可千万别干好事!告诉他们哪,秦某人七十多岁了才明白这点大道理!他是天生来的笨蛋!

王利发　您自己拿着这枝笔吧,我马上就搬家啦!

常四爷　搬到哪儿去?

王利发　哪儿不一样呢!秦二爷,常四爷,我跟你们不一样:二爷财大业大心胸大,树大可就招风呀!四爷你,一辈子不服软,敢作敢当,专打抱不平。我呢,作了一辈子顺民,见谁都请安、鞠躬、作揖。我只盼着呀,孩子们有出息,冻不着,饿不着,没灾没病!可是,日本人在这儿,二拴子逃跑啦,老婆想儿子想死啦!好容易,日本人走啦,该缓一口气了吧?谁知道,(惨笑)哈哈,哈哈,哈哈!

常四爷　我也不比你强啊!自食其力,凭良心干了一辈子啊,我一事无成!七十多了,只落得卖花生米!个人算什么呢,我盼哪,盼哪,只盼国家像个样儿,不受外国人欺侮。可是……哈哈!

秦仲义　日本人在这儿,说什么合作,把我的工厂就合作过去了。咱们的政府回来了,工厂也不怎么又变成了逆产,

	仓库里(指后边)有多少货呀,全完!哈哈!
王利发	改良,我老没忘了改良,总不肯落在人家后头。卖茶不行啊,开公寓。公寓没啦,添评书!评书也不叫座儿呀,好,不怕丢人,想添女招待!人总得活着吧?我变尽了方法,不过是为活下去!是呀,该贿赂的,我就递包袱。我可没作过缺德的事,伤天害理的事,为什么就不叫我活着呢?我得罪了谁?谁?皇上,娘娘那些狗男女都活得有滋有味的,单不许我吃窝窝头,谁出的主意?
常四爷	盼哪,盼哪,只盼谁都讲理,谁也不欺侮谁!可是,眼看着老朋友一个个的不是饿死,就是叫人家杀了,我呀就是有眼泪也流不出来喽!松二爷,我的朋友,饿死啦,连棺材还是我给他化缘化来的!他还有我这么个朋友,给他化了一口四块板的棺材;我自己呢?我爱咱们的国呀,可是谁爱我呢?看,(从筐中拿出些纸钱)遇见出殡的,我就拾几张纸线。没有寿衣,没有棺材,我只好给自己预备下点纸钱吧,哈哈,哈哈!
秦仲义	四爷,让咱们祭奠祭奠自己,把纸钱撒起来,算咱们三个老头子的吧!
王利发	对!四爷,照老年间出殡的规矩,喊喊!
常四爷	(立起,喊)四角儿的跟夫,本家赏钱一百二十吊!(撒起几张纸钱)
秦仲义 王利发	一百二十吊!

——老舍《茶馆》

上面这大段对话,时间是抗日战争胜利后,北京秋天的一个清晨。地点是北京裕泰茶馆。话题是国民党政府政治腐败,巧取豪夺,民不聊生。方式是三位不同阶层、不同身份、不同职业,但有共同的悲凉下场的老人互诉衷肠,撒纸钱自己祭奠自己。交际意图是控诉国民党政府祸国殃民的滔天罪行。交际参与者秦仲义、王利发、常四爷三位老人各有一部心酸史、一本血泪账。秦仲义,是"实业救国论者",是一个热衷于维新的资本家。他在天津外办的工厂,日本占领时期以"合作"为名被"合作"到日本侵略者手中;抗日战争胜利后,国民党政府又以"逆产"之名予以没收,并强行拆毁。这使秦仲义愤怒地控诉:"我四十年的心血啊,……到而今……抢去我的工厂,好,我的势力小,干不过他们! 可倒好好地办哪,那是富国裕民的事业呀! 结果,拆了,机器都当碎铜烂铁卖了! 全世界,全世界找得到这样的政府找不到?"常四爷,为人正直,好打抱不平,敢做敢当,盼望国家强盛,不受外国人欺侮。结果呢? 这样的好人,到七十多岁了,只落得个以卖花生米度晚年的悲凉下场。这使他发出了令人心酸的感叹:"我爱咱们的国呀,可是谁爱我呢?"王利发,裕泰茶馆的掌柜,勤劳敬业,千方百计求生存,一辈子当顺民。结果呢? 到垂暮之年,他苦心经营的茶馆被国民党特务霸占了,弄得他无家可归。这把一个顺民也逼得鸣不平,提抗议了:"我得罪了谁? ……那些狗男女都活得有滋有味的,单不许我吃窝窝头,谁出的主意?"秦仲义、王利发、常四爷三位老人互诉衷肠,共同的悲惨命运使他们行动起来,高喊起来,抛撒纸钱,祭奠自己,控诉恶势力。他们每个人说的话都跟这特定的场合相适应。

必须注意:场合是易起变化的。在一种场合是恰当的话语,放在另外一种场合可能就是很不恰当的。

上面谈到的时间、地点、话题、场合,是构成情景语境的客观因素。

下面谈谈情景语境的主观因素,这是指言语交际参与者的身份、职业、思想、教养、心态等。

(4) 身份:指言语交际参与者在社会中或家庭中的地位或人际关系。

身份在言语交际中对话语意义的恰当表达和准确理解起着重要作用。请看下面两段对话:

〈9〉 朴　萍儿,你过来。你的生母并没有死,她还在世上。

　　萍　(半狂地)不是她! 爸,不是她!

　　朴　(严厉地)混账! 不许胡说。她没有什么好身世,也是你的母亲。

————曹禺《雷雨》

周朴园(朴)是周萍(萍)的父亲,是一位说一不二的一家之主。正因为如此,他才能严厉地训斥周萍。

⟨10⟩ 朴　鲁大海,你现在没有资格跟我说话——矿上已经把你开除了。

大　开除了!?

冲　爸爸,这是不公平的。

朴　(向周冲)你少多嘴,出去!

——曹禺《雷雨》

周朴园是某煤矿的董事长,是资本家,鲁大海(大)是周朴园的煤矿的工人。正因为如此,周朴园才能开除鲁大海。周朴园是周冲(冲)的父亲,所以,他才能命令周冲"少多嘴,出去"。

(5) 思想、教养、心态

思想、教养、心态在言语交际中对话语意义的恰当表达和准确理解起着重要作用。请看下面几段对话:

⟨11⟩ 萍　我后悔,我认为我生平做错一件大事。我对不起自己,对不起弟弟,更对不起父亲。

蘩　但是你最对不起的人,你反而轻轻地忘了。

萍　还有谁?

蘩　你最对不起的是我,是你曾经引诱过的后母!

……

蘩　你父亲对不起我,他……把我骗到你们家来,我逃不开,生了冲儿。十几年来就像刚才一样的凶横,把我渐渐地磨成了石头样的死人。你突然从家乡出来,是你,是你把我引到一条母亲不像母亲,情妇不像情妇的路上去。是你引诱的我!

萍　引诱!我请你不要用这两个字好不好?你知道当时的情形怎么样?

蘩　你忘记了在这屋子里,半夜,你说的话么?你说你恨你的

二　语　境　31

父亲,你说过,你愿他死,就是犯了灭伦的罪也干。
……
蘩　我希望你不要走。
萍　怎么,你要我陪着你,在这样的家庭,每天想着过去的罪恶,这样活活地闷死么?
蘩　你既然知道这家庭可以闷死人,你怎么肯一个人走,把我丢在这里?
萍　你没有权利说这种话,你是冲弟弟的母亲。
蘩　我不是!我不是!自从我把我的性命,名誉,交给你,我什么都不顾了。我不是他的母亲,不是,不是,我也不是周朴园的妻子。
萍　如果你以为你不是父亲的妻子,我自己还承认是我父亲的儿子。
……
蘩　……父亲的儿子!哼,都是些没有用,胆小怕事,不值得人为他牺牲的东西!我恨我早没有知道你!

——曹禺《雷雨》

蘩漪(蘩)是个出身于有钱家庭读过书的中年女性,她有文静、聪慧的一面,也有一股子原始的野性。她敢爱敢恨,爱起来像一团火,恨起来也像一团火。她是某煤矿公司董事长周朴园的妻子。在周家,她有些反抗周朴园的专横、争自由求解放的思想,但对待爱和恨却往往心态失常,不择手段。周萍是周朴园的长子,是个受过新式教育的青年。他性格软弱,遇事冲动,往往不能克制自己,甚至干出乱伦的罪恶勾当。他知错想改,却又坚强不起来,因而经常处在苦闷之中。从蘩漪和周萍在周家的身份来说,蘩漪是周萍的后母。按照母子关系,上面的几段对话实难理解,但当人们知道了他们之间"亦母子亦情人"的特殊关系后,再从他们的思想、教养、心态上加以考察,他们之间的几段对话就完全能准确地理解了。

(6) 职业、教养

职业、教养在言语交际中对话语意义的恰当表达和准确理解起着重

要作用。请看下面一段话:

〈12〉(董斜川对方鸿渐说:)"你既不是文纨小姐的'倾国倾城貌',又不是慎明先生的'多愁多病身',我劝你还是'有酒直须醉'罢。"

——钱钟书《围城》

这段话是在赵辛楣举行的小宴会上董斜川对方鸿渐说的。出席宴会的人有哲学家褚慎明、诗人董斜川、留学归国的"洋博士"方鸿渐和苏文纨小姐。当时,方鸿渐和苏小姐正值热恋中,但哲学家褚慎明却"害馋痨地看着苏小姐"。在此情景下,诗人董斜川对方鸿渐说出上引一段令人玩味的话,是适合在座者的职业和教养的。

(三) 民族文化传统语境

(1) 由于不同民族的历史文化背景不同,对一些话语的理解往往会造成障碍。

例如汉语"家长们望子成龙心太切"这句话,中国人很容易理解。但英美学汉语的学生则很难理解。因为在英美,"龙"(dragon)是一种能喷烟吐火,为巫师或魔怪守护财富的怪物,人们甚至把 the old dragon 视为"魔鬼,恶魔"。在中国则完全不同:人们把"龙"视为高贵的、神通广大的吉祥神物,并用来象征前程远大。也正因为如此,英美人不理解中国人为什么称中华民族是"龙的传人",称封建社会的皇帝是"真龙天子",也难以理解"亚洲四小龙"的真正意思(为使英美人准确理解,英文报刊把"四小龙"译为"the four tigers")。

又如汉语:

〈13〉母亲:小兰你少跟东家的少爷来往!
　　　女儿:我已经是他的人了。

"我已经是他的人了"这句话中国人很容易理解,但英美人则很难理解。这是因为汉民族文化背景与英美民族文化背景不同。按照汉民族的历史文化传统,女性对性关系的表述总是含蓄的,一个年轻姑娘一旦跟一个男子发生了性关系,就自认为自己是属于那个男子了。这句话的含义即使给英美人讲清楚,他们也实难理解,他们会问:"为什么是这样?"

又如英语：

〈14〉You are a lucky dog.

如果照字面意义直译为汉语是"你是一条幸运的狗"。假使中国学生不了解英美人把 dog 视为宠物、伙伴、朋友，那么一定会认为对方是在侮辱自己。因为中国人不喜欢狗（如：恶狗，走狗，狗仗人势，狗头军师，狗嘴里吐不出象牙，狼心狗肺，等等）。英美人则不同，"You are a lucky dog"的真正意思是"你是个幸运儿"。英美人爱狗可以从一个成语得到有力证明："Love me, love my dog."（汉译："爱屋及乌"）在英语中，"running dog"不能汉译为"走狗"。因为他们钟爱狗，在他们看来，"running dog"是一条好家犬：主人外出，狗追随左右。而汉民族则把"走狗"视为"受人豢养并帮主子作恶的人"。

又如：格雷渥斯（Graves）的小说叙述一个被射伤臀部的士兵回答前来病房探望并询问他伤在何处的一位女士的问话时说："抱歉，夫人，我不能说，我没有学过拉丁语。"这个士兵的话，如果不了解当时英国的民族文化背景，我们就无法理解。因为当时英国禁忌"脏话"，要求在必须说到禁忌语所指的人体部位时，必须用拉丁语词语说出，否则将会被人耻笑。

(2) 由于风俗习惯不同，对一些话语的理解也会有差异或障碍。

例如：中国人和英美人对别人的赞美表态上有明显差异。中国人对别人的赞美表示否定，以示谦虚之美德；英美人对别人的赞美表示接受，并向对方致谢：

〈15〉美国教师：Your English is excellent!

（你的英语真棒!）

中国学生：No, no! My English is very poor, it is far from being perfect.

（哪里，哪里! 我的英语还差得远哩!）

中国学生这样的回答，美国教师感到甚难理解，他会认为回答者虚伪。因为按照英美的习惯，学生应该说："Thank you!"

又如：中国人和英美人对谈论年龄的态度也有明显差异。中国人谈论年龄很随便，即使是女人也不怎么忌讳。例如老太太常常问年轻姑娘：

"你多大了?"被问者不会反感,因为这表示老人关心她。英美女人则不然,"How old are you?"(你多大年纪了?)是令女人反感的,因为欧美女人怕老,忌讳别人问年龄。

再如:中国熟人路上相遇常常问:"你去哪儿啊?""你干什么去呀?"在中国人看来,这只是一种打招呼的方式,不在意听者回答与否。如果用这类问话跟英美人打招呼,他们会认为是盘问或监视他,是不友好的行为。

上面,我们谈了不同民族由于历史文化背景和风俗习惯的差异而影响言语交际的一些情况。其实不仅如此。

(3) 同一民族语言的古今差异也会给人们的言语交际造成一些麻烦。所以,善言者,要博古通今。

例如,在《触龙说赵太后》一文中,触龙跟赵太后有这样两段对话:

〈16〉左师公曰:"老臣贱息舒祺,最少,不肖;而臣衰,窃爱怜之,愿令得补黑衣之数,以卫王宫。没死以闻。"太后曰:"敬诺!年几何矣?"对曰:"十五岁矣。虽少,愿及未填沟壑而托之。"

左师公曰:"……今媪尊长安君之位,而封之以膏腴之地,多予之重器,而不及今令有功于国;一旦山陵崩,长安君何以自托于赵?……"

在这两段对话中,左师触龙称自己"死"为"填沟壑",称太后"死"为"山陵崩"。这种对"死"的不同说法显然跟现代汉语对"死"的说法有差异。如果不了解这种古今差异,就会造成言语交际上的困扰。

又如,下列英语句子中:"In the middle of the picnic it started to rain cats and dogs, and everybody got soaked."即使听话人认识句子中的每个单词,如果不了解"rain cats and dogs"这个成语的来历,而只从字面上直解为"下猫狗雨",就不能理解它的准确意义。原来中世纪欧洲的航海人认为猫、狗和暴风雨关系密切:"猫"象征大雨,"狗"象征与大雨相伴的强风。这样,"rain cats and dogs"的意思就是"倾盆大雨"了。当听话人了解这个成语的来历之后,上面提到的这个英语句子就能准确地理解为"野餐刚吃了一半,就下起了倾盆大雨,每个人的衣服都淋透了"。

上面,我们从三个方面(上下文语境、情景语境、民族文化传统语境)对语境分别进行了分析和说明。但必须注意:在现实的言语交际中,这些不同方面的不同要素是因交际意图和交际效果的需要而相互协调、联合起作用的。在言语交际中,说/写者若想把意图表达恰当,听/读者若想把话语的意义理解准确,就必须适合语境,巧妙地利用语境。"言为心声"是指说/写者选择恰当的言语形式来表达自己的交际意图;"在什么山唱什么歌"是指说话要注意时间、地点、话题、场合;"对什么人说什么话"是指说话要注意交谈对象的身份、职业、思想、教养、心态等。言语交际涉及极广:谈古论今,沟通中外。因此,有成效的言语交际实际上是交谈者们的语用能力以及口才、智谋、百科全书式的知识的综合实力的较量。

2.4 研究语境的理论意义和实用价值

(1) 修辞学中,语境起着重要作用。

(2) 语义学、语篇学、社会语言学、功能语言学、心理语言学等语言学学科,都重视研究语境。

(3) 语言学中,在20世纪七八十年代建立并发展起来的新学科——语用学,尤其重视研究语境:说话人巧妙地适切语境,利用语境精心选用恰当的话语表达自己的意图;听话人煞费苦心地凭借交谈时的具体语境准确地理解听到的话语的意义。指示词语、会话含义、言语行为等跟语境关系密切。正因为如此,研究语境对语用学的建立和发展具有十分重要的理论意义。

(4) 研究语境对语言教学(如教学法:功能教学法、功能-意念教学法、情景教学法等)有重要作用。特别是对对外汉语教学有重要的实用价值:不仅要使学生具有"语言能力",即掌握汉语的语音、词汇、语法的规则、规范,而且要使学生具有"交际能力",即在不同的语境下熟练地使用汉语进行有成效的交际。

三　指示词语

指示词语(deixis)是语用学最早选定的研究对象,因为它直接涉及语言结构和语境的关系。

3.1　指示词语的语用含义

Deixis 这个术语来源于希腊语,原意为"指点或指明"。指示词语就是表示指示信息的词语。

3.1.1　指示词语是语用学最早选定的研究对象

语言哲学家巴尔-希勒尔于 1954 年发表的《指示词语》(*Indexical Expressions*)一文中认为,指示词语是语用学的研究对象。指示词语是指"在不知其使用语境时就无法确定其所指语义的指示词或指示句"(Bar-Hillel,1954)。他举出三个例句:

⟨1⟩ Ice floats on water.
　　(冰块浮在水面上。)

⟨2⟩ It's raining.
　　(正在下雨。)

⟨3⟩ I am hungry.
　　(我饿。)

他指出,说英语的成年人对例⟨1⟩的理解是一致的,这是一个陈述句。但是,对例⟨2⟩,如果想确切了解其意义,就必须知道说这句话的时间和地点。对例⟨3⟩,如果想确切了解其意义,就必须知道说这句话的人是谁(I 指什么人)和说这句话的时间。从上述分析可以看到,例⟨2⟩、⟨3⟩跟例⟨1⟩

不同,在句型上,巴尔-希勒尔把例〈2〉、〈3〉称为指示句。他认为,人们在言语交际中,大量使用指示句,因此指示词语的研究是语用学的重要内容。

巴尔-希勒尔把指示词语定为语用学的研究对象是完全正确的。

指示词语之所以成为语用学最早关注的研究对象,是因为指示词语是一些不能用语义学的真假条件来衡量的词语,它们的意义只有依赖语境才能得到准确的理解。语用学家们注意到,语言中有些词语和语法范畴,如果离开了语境,它们的意义就无法确定。例如,"I'll be here again in an hour"这句话,离开了产生它的语境,听话人就无法知道是谁在什么时间再次到什么地方来。这句话里的 I 是人称指示词,here 是地点指示词,in an hour 这个短语虽然不是一个指示词语,但对它的理解是要以说话的时间(即指示词 now 所表示的时间)为基点去推算的,因此,离开了语境也就无法确定这个短语的意义。

语用学家们认为,在现代英语中,离开了语境就无法确定其意义的词语是指:人称代词:I、you;指示代词:this、that,以及定冠词 the;时间副词:now、today、yesterday、tomorrow;地点副词:here、there。有指示性功能的语法范畴主要是指动词的时态(动词的时间范畴)。

3.1.2 指示系统,一般地说,是以说话人为中心的方式组织起来的

人与人之间典型的交际方式是面对面交谈,即由一人对一人或由一人对多人,通过说-听的方式进行交谈。面对面交谈,即使在当今科技高度发达的条件下,仍然是典型的交际方式。

在面对面的交谈中,指示系统,一般地说,是以自我(说话人)为中心组织起来的。指示词语的指示中心(deictic centre)一般是:①中心人物是说话人;②中心时间是说话人说话的时间;③中心地点是说话人说话时所处的地点;④语篇(discourse)中心是一句话中说话人当时正说到的部位;⑤社交中心是说话人相对于说话对象的社会地位。

3.2 指示词语的不同用法

指示词语是指主要用作指示的语言成分,但不可忽视的是,指示词大多还有非指示的用法。

3.2.1 指示词语的两种指示用法

菲尔默(Fillmore,1971)把指示词语的指示用法分为两种:身势用法(gestural usage)和象征用法(symbolic usage)。

身势用法的指示词语只有借助对言语事件的实在的听觉、视觉、触觉才能理解。例如指示词的使用伴随指示的手势:

⟨4⟩ *This* one is genuine, but *this* one is fake.
　　(这是真货,这是假货。)

又如第二、第三人称代词的使用伴随某种对所指对象的可知觉的表示(如视线的方向):

⟨5⟩ *He*'s not the Duke, *he* is. *He*'s the butler.
　　(他不是公爵,他是。他是管家。)

象征用法的指示词语只需知道言语事件的基本时间空间参数就可以理解。例如:

⟨6⟩ *This city* is really beautiful.
　　(这座城市真美。)

只要知道这句话是在北京说的,不论说话的具体地点是在雄伟的天安门广场,还是在繁华的王府井大街,this city 指的都是北京。

再如:

⟨7⟩ *You* can all come with me if you like.
　　(如果愿意,你们都可以跟我来。)

只要知道当时环境下说话的对象(you)可能有哪些人,这句话就可以理解。

3.2.2 指示词语的非指示用法

所谓指示词语,只是说某个词语在大多数情况下具有指示功能,而不是说这同一词语在某些情况下不能作为一个非指示性的词语来使用,实际上,同一个词语可能有指示和非指示两种用法。

指示词语的非指示用法分为照应用法(anaphoric)和非照应用法(non-anaphoric)两种。

照应用法指的是:一个词语的所指跟前面出现的别的词语的所指是同一对象。例如:

⟨8⟩ *John* came in and *he* lit a fire.
　　(约翰走进来,他点上了个火儿。)

这句话中的 he 跟 John 照应,John 指谁,he 也指谁。

请注意:一个指示词语可以同时用作指示和照应,例如:

⟨9⟩ I was born in *London* and have lived *there* ever since.
　　(我出生在伦敦,自出生后一直住在那儿。)

这句话中,London 指什么地方,there 也指什么地方;同时,在空间指示方向上,there 又是对 here 而言,表示说话的地点不在伦敦。

非照应用法如:

⟨10⟩ I met *this* weird guy the other day.
　　(我那一天遇到这么个古怪的家伙。)

3.3 指示词语的分类

指示词语的传统分类是人称指示、时间指示、地点指示,这是最基本、最普遍的三种指示词语,20 世纪七八十年代又增加了语篇指示(discourse deixis)和社交指示(social deixis)这两种指示词语。依据菲尔默《指示词语讲义》(1971)和列文森《语用学》(1983)的归纳,指示词语分为以下五类：

(1) 人称指示

(2) 时间指示

(3) 地点指示

(4) 语篇指示

(5) 社交指示

下面，我们分别谈谈这五类指示词语。

3.3.1 人称指示(person deixis)

人称指示指交谈双方用话语传达信息时的相互称呼。

人称指示的基本语法区别是第一人称、第二人称、第三人称。第一人称单数"我"是说话人自称，第二人称单数"你"是说话人称听话人，第三人称单数"他"是说话人称说话人、听话人之外的任何人。在言语交际中，说话人和听话人是不可缺少的，但第三人称没有对应的参与角色，因而是可有可无的。必须指出，尽管人称指示直接反映在语法的人称范畴上，但是绝不能把语法上的代词概念跟语用上的人称指示词混同起来。人称指示词是以说话人作基准的：正在说话的人是"我"，对面听话的人就是"你"，在言语交际中，"我"、"你"角色是互换的。不了解或不注意这个交际准则就会出毛病，闹笑话。

先举一个出了毛病的例子：

一位英语教师说出这样一个句子："I am a teacher."他要求学生把这个陈述句改为 yes-no 疑问句。从语法上看，学生无论说出"Am I a teacher?"还是说出"Are you a teacher?"教师都会认为是可接受的。但从语用上看，说"Am I a teacher?"就出了毛病，因为它用了第一人称指示词，这样就成了说话人向听话人询问关于说话人自己的身份了。只有说"Are you a teacher?"才是正确的，因为换用了第二人称指示词，这样才适用于说话人询问对方的身份。

再举一个闹笑话的例子(Levinson, 1983:68)：

一位教师发现自己把一双舒适的拖鞋忘在家里，于是派一个学生带着他写给妻子的便条去取拖鞋。他在便条上写着："Send me your slippers with this boy."当学生问他为什么写"your" slippers 时,他说:"哎呀!如果我写'my' slippers,她就会读成'my' slippers,而把她的拖鞋给我,我拿她的拖鞋有什么用呢?所以我写了'your' slippers,她读到'your' slippers 时,自然会把我的拖鞋给我了。"

这位教师写给妻子的便条之所以闹了笑话,是因为他违背了人称指示词以说话人为基准,在言语交际中"我"、"你"角色互换的交际准则,而把一个关键的人称指示改成以听话人(妻子)为基准引发的。

关于人称的复数形式,有必要指出:许多语言里,第一人称的复数形式有包括式和排除式之分。例如汉语存在两种第一人称的复数形式:包括听话人在内的第一人称复数形式和不包括听话人在内的第一人称复数形式。在普通话里"咱们"是包括式,"我们"多为排除式,但有时也为包括式。例如:

〈11〉咱们去昆明湖划船吧!

〈12〉我们去花园里散步,你在家看电视吧!

〈12〉中的"我们"不包括听话人在内,为排除式。

〈13〉我们去打网球好吗?

〈13〉中的"我们"包括听话人在内,为包括式。

在英语里,这两种不同的第一人称复数之间的分别不是直接而是间接地体现出来的:let us 的缩略式 let's 只适用于 us 作包括式理解,例如:

〈14〉*Let's* go to the cinema.

(我们去看电影吧!)

因此不能说:

〈15〉 * Let's go to see you tomorrow.

除了代词以外,人称或参与角色还用各种其他形式来表示。在英语里,称呼语也是指示性词语(表明说话人选定被称呼人为交际对象)。称呼语是用来指称听话人的名词短语。称呼语分为呼唤语(summon)和称唤语(address)两类。呼唤语一般位于句首,本身可以看作一种独立的言

语行为。例如:

⟨16⟩ *Hey you*, you just scratched my car with your frisbee.
（嘿你，你玩飞盘刚才蹭坏了我的汽车。）

称唤语是一种插入语，例如:

⟨17⟩ The truth is, *Madam*, nothing is as good nowadays.
（说实话，夫人，如今什么都不如以前了。）

也许称唤语都可以用作呼唤语，但不是所有的呼唤语都能用作称唤语。

3.3.2 时间指示(time deixis)

时间指示指交谈双方用话语传递信息时提到的时间。

在言语交际中，人们总要谈论各种事件、活动、动作发生的时间:正在发生，已经发生，将要发生。正因为如此，语言中就必定有用来表示相应时间的词语、表达方式或语法范畴。

"时间"是个抽象概念，人们只能人为地选定一些参照点作为计算时间的依据。在交际中，时间指示是以说话人在说话的那一时刻为参照点来计算和理解的。例如，时间副词:now(现在),today(今天),yesterday(昨天),tomorrow(明天),soon(不久),recently(最近)等。其中，now 指说话的那一时刻,today 指说话的那一天。其他则以说话时间为基点往前或往后推算。例如,yesterday 指说话时间的前一天,tomorrow 指说话时间的后一天。又如时间指示词 ago(如:three days ago)和 in(如:in five minutes),ago 是从说话的那一时刻或那一天往前推算,in 是从说话的那一时刻往后推算。

谈论时间指示，必须区分编码时间(coding time,简称 CT)和接收时间(receiving time,简称 RT)。所谓编码时间是指说话人将其想要传递的信息进行语言编码的时间，所谓接收时间是指听话人收到说话人所发出的信息的时间。在大多数情况下，编码时间和接收时间等同或一致(因为音速很快，说话双方当面交谈，编码时间和接收时间之间差别甚小，可忽略不计)。但在一些情况下，例如写信、预先录制广播节目等，时态、时间副词或其他指时间的语素的使用就比较复杂了。例如：

〈18〉This program is being recorded today, Wednesday April 1st, to be relayed next Thursday.

（本节目录制于今天,四月一日星期三,定于下星期四播放。）

〈18〉的指示中心是说话人和编码时间(CT)。但是,

〈19〉This program was recorded last Wednesday, April 1st, to be relayed today.

（本节目录制于上星期三,四月一日,定于今天播放。）

〈19〉的指示中心已经映射到听话人和接收时间(RT)。

请注意：英语里,today、tomorrow、yesterday 这些指示词有"先用权",即优先使用这些词之后就不能再用表示历法等绝对时间的词语指同一时间了,例如：

〈20〉I'll see you on Thursday.

（我星期四见你。）

〈20〉如果是星期三说的,由于 tomorrow 有先用权,Thursday 就只能指下星期的星期四。如果想指本星期四,则应说成：

〈21〉I'll see you tomorrow.

（我明天见你。）

〈20〉如果是星期四说的,由于 today 有先用权,Thursday 也只能指下星期的星期四。如果想指本星期四,则应说成：

〈22〉I'll see you today.

（我今天见你。）

另外,英语里,由指示性修饰词和非指示性的度量词语相结合组成时间状语,如 last Monday（上星期一）, next year（下一年）, this afternoon（今天下午）。列文森指出,对这类时间状语的理解是有规律的：(1)按历法计算和不按历法计算的指示相对立。(2)普通名词单位,如 week（星期）、month（月）、year（年）,跟专有名词单位,如 Monday（星期一）、

December(十二月)、afternoon(下午)之间有区别,后一类单位不能用作度量词。例如 this year 有两个意思:①指包含编码时间的历法单位,从1月1日起到下一个1月1日止;②指从包含编码时间的那天开始度量的365天。一般来说,当 X 为 week,month,year 等普通名词时,this X 指包含编码时间的时间单位,可以是历法单位,也可以是非历法单位。但当 Y 是表示历法单位 Z 中的一个小单位的专有名词时,this Y 常指包含编码时间的 Z 之中的单位 Y,如:this August(今年八月),是指包含编码时间历法年中的八月。又如:this morning(今天上午),是指包含编码时间的那一天的上午,因此,在上午或下午都可以说 this morning,指的都是同一段时间。

3.3.3 地点指示(place deixis)

地点指示是指明言语事件中相对于指示中心的方位。人或物的空间位置的确定必须以其他的人或物为参照点。

在英语中,纯地点指示词常见的有:方位副词 here、there;指示代词 this、that。此外,一些含固有指示成分的移动动词,如 come、go 也表示地点指示。

地点指示是以说话人为中心参照点的:here 是近指,指靠近说话人的地方;there 是远指,指远离说话人的地方。这是 here、there 最基本的地点指示用法。但是,there 也可以用作以接收时间(RT)的听话人为参照点的近指,例如:

〈22〉How are things *there*?

(那儿的情形如何?)

This 是近指:靠近说话人之物;that 是远指:远离说话人之物。这是 this、that 最基本的地点指示用法。但是,有时 this 和 that 的近指、远指意义的区别不明显,在一些场合可以中和或互换。例如,在一盒型号大小不同的缝衣针中寻找某种型号的针,一旦找到时,既可以说"This is it!"也可以说"That is it!"还有些很有趣的情形,有时用 this 而不用 that,是表示情感上的接近;有时用 that 而不用 this,是表示情感上的疏远。莱昂斯称之为"情感指示"(empathetic deixis)。

列文森指出：指示限定词跟表示空间关系的非指示性词语相结合，使方位指示的描写更加复杂化。例如：

⟨23⟩ *this side* of the box

（箱子的这一面）

可解释为"箱子的几个面中在说话时间离说话人最近的一面"，而

⟨24⟩ *this side* of the tree

（树的这一面）

则应该解释为"在说话时间从说话人所处位置可以看见的树的那一部分面积"。这种意思差别显然是因为箱子和树不同：箱子有"面"，而树没有"面"。又如：

⟨25⟩ The cat is *behind* the car.

（猫在汽车后面。）

这个句子是有歧义的：behind 可以是指示用法（即汽车位于猫和说话人之间），也可以是非指示用法（即猫在汽车的尾部）。可见有的物体有固有的方向性，分前面、后面、两侧等。这些物体可以在指示时选择它的一个方面，也可以非指示地提及它的一个方面。指示非指示的歧义现象相当普遍，常使听话人为难，例如：

⟨26⟩ Bob is the man to the left of Mark.

（鲍勃是在马克左边的那个人。）

⟨26⟩中 Bob 可以是在 Mark 的左边（非指示用法），也可以是在说话人观察角度的左边（指示用法）。

还必须注意到，在英语中，一些含固有指示成分的移动动词，例如 come 和 go，表示言语事件参与者移动的方向不同。例如：

⟨27⟩ He's coming.

⟨27⟩的意思是"他正朝说话人在编码时的方位移动"。

〈28〉 He's going.

〈28〉的意思是"他向离开说话人在编码时的方位移动"。

但是,也常常听到 I'm coming 这样的话,例如:

〈29〉 A: Hurry up, Peter. We're leaving.
（彼得,我们赶快离开。）
B: Go ahead. I'm coming.
（走吧！我就来。）

这该怎么解释呢？语用学家把这种用法解释为"礼貌的观点转移"（即说话人不以自己为参照点,而把参照点转移到听话人所处的方位上去,以示礼貌），也就是把 I'm going 变为 I'm coming。

请留心:现代汉语里,"来"也有这种用法,例如:

〈30〉（辛楣在电话里说:)"唏,老方呀,……今天你作主人,没付账就跑,我们做客人的身上没带钱,扣在咖啡馆里等你来救命呢！S.O.S. 快来！"鸿渐忍不住笑道:"我就来了。"

——钱钟书《围城》

〈31〉（电话）"老李,请你今天上午九点来教研室开会。""好,我就来。"

我们再回到英语,come 还有一种特殊的用法,即以说话人或听话人的住宅为指示参照点,而在说话时两人都身处住宅之外,例如:

〈32〉 I came over several times to visit you, but you were never there.
（我来拜访你好几次,但你一次都不在那儿。）

〈32〉以听话人的住宅为指示参照点。

〈33〉 We are organizing a party at our place, will you be coming?
（我们在寓所组织一次聚会,你来吗？）

〈33〉以说话人的住宅为指示参照点。

列文森指出,对英语的 go（去），以及 bring（带来）和 take（取走）也能进行类似 come(来)的分析。

上面讲了人称指示、时间指示和地点指示,这三种指示是最基本、最普遍的指示,任何语言里都有用于这三种指示的词语、表达方式或语法范畴。这三种指示清晰地反映出语言的运用跟语言结构之间的关系,反映出语言的运用对语境的依赖。请注意:这三种指示的参照点都存在于语言之外的语境中。

3.3.4 语篇指示(discourse deixis)

语篇指示(discourse or text deixis)就是用词语指语篇的某一部分,而所用的词语就包含在这一语篇的话语中。

英语中,用于语篇指示的词语大致有如下三类:

(一)用时间指示词语,如 last、next、preceding、following 等指示语篇的一部分:

⟨34⟩ *In the next paragraph* I will show you what to do.
　　(下一段我将告知你做什么。)

⟨35⟩ *In the last chapter* we talked about meaning and the structure of language.
　　(上一章我们讲了关于语言的意义和结构。)

(二)用地点指示词语,特别是指示代词 this、that 指语篇的一部分:

⟨36⟩ I bet you haven't heard *this* story.
　　(我打赌你没听过这个故事。)

⟨36⟩中,用 this 指语篇即将讲述的部分,即所谓指后。

⟨37⟩ *That* was the funniest story I've ever heard.
　　(那是我听过的最有趣的故事。)

⟨37⟩中,用 that 指语篇已讲述过的部分,即所谓指前。

请注意:语篇指示和照应关系是不同的,因此必须把它们区分开来:语篇指示是指前和指后的关系,照应关系往往是互指关系。

列文森指出:照应关系通常用代词提及前面出现的某个词语的所指

对象,例如:

⟨38⟩ *Harry*'s a sweetheart, *he*'s so considerate.
(哈里非常讨人喜欢,他很体贴别人。)

⟨38⟩中,Harry 和 he 互相照应。选择同一所指对象,往往用指示词语或其他定指词语引入一个指示对象,然后用照应代词指同一对象。当一个代词指词语本身时,是语篇指示;当一个代词指前面的词语所指的对象时,是照应。因此,语篇指示跟"提及"有密切关系,例如:

⟨39⟩ A: That's a rhinoceros.
(那是一头犀牛。)
B: Spell *it* for me.
(给我把它拼出来。)

⟨39⟩中,it 不是指犀牛这个动物,而是指 rhinoceros 这个词。这里,it 不是用来代替"犀牛",而只是提及 rhinoceros 这个词,因此,it 是个语篇指示词。

照应关系除了用⟨38⟩那种方法来表示之外,还能用 this、that 来表示。例如:

⟨40⟩ I met a friend of yours last night. Well, *this* guy told me some pretty interesting things about you.
(昨晚我见到了你的一个朋友,这个小伙子告诉了我有关你的一些相当有趣的事情。)

⟨40⟩中,"this guy"跟"a friend of yours"互指。

⟨41⟩ Remember the man who sold us those football tickets? Well, *that* guy told me some pretty interesting things about you.
(记得卖给我们那些足球门票的人吗?那个小伙子告诉了我有关你的一些相当有趣的事情。)

⟨41⟩中,"that guy"跟"the mall who sold us those football tickets"互指。

(三)在语篇中用来表示前后话语之间关系的一些词和短语:

这些词语多数出现在话语的开头位置,如:but(但是)、therefore(因此)、in conclusion(最后)、on the contrary(与此相反)、still(还是)、however(然而)、anyway(无论如何)、well(好吧)、besides(此外)、actually(实际上)、all in all(总而言之)、so(因此)、after all(毕竟),等等。人们一般认为,这些词语至少包含一个不能用真值条件处理的意义成分,它们的作用是以复杂的方式表明包含这些词语的语句跟前面话语的一部分相呼应。

请注意:语篇指示跟人称指示、时间指示、地点指示是有明显区别的。人称指示、时间指示、地点指示这三类指示的参照点都存在于语言之外的语境中,而语篇指示的参照点则存在于语篇的语言之中。

3.3.5 社交指示(social deixis)

社交指示指语言结构中能反映出语言使用者身份和相对社会地位的那些词语和语法范畴。具体地说,社交指示涉及以下三方面:(一)言语交际参与者的身份;(二)说话人和听话人之间相对的社会地位;(三)说话人和所谈到的人(第三者)之间相对的社会地位。

请注意:社交指示的参照点是说话人的社会地位。

在社会交往中,人们对相互之间相对的社会地位是很重视的。在日语、朝鲜语中存在着反映交际参与者社会地位差别的某些语法范畴,例如敬语(honorifics)就是典型的反映交谈者社会地位的表现形式。此外,在欧洲的许多语言中存在着表示交谈者社会地位差别的两种第二人称单数形式:T/V 差别。例如,法语:tu/Vous;意大利语:tu/Lei;西班牙语:tu/Vos;德语:du/Sie;俄语:Tbl/Bbl。有关资料证明,欧洲许多语言的 T/V 差别来源于拉丁语的 tu 和 Vos。拉丁语中的 tu 和 Vos 分别表示第二人称单数和复数。大约在公元 4 世纪,罗马帝国分裂为东西两部分,东罗马定都君士坦丁堡,西罗马定都罗马,各有一位皇帝。当时臣民向皇帝说话、上奏章是面对两位皇帝,故用复数形式 Vos 尊称权力至高无上的皇帝。后来,人们把尊称罗马皇帝的 V(Vos)转用于欧洲其他国家的统治者以及其他有权势的人。从 12 到 14 世纪中叶,欧洲的许多语言各自制定了一些规范:有权势者对别人使用 T,别人对有权势者使用 V,T/V 都是第二人称单数形式。在欧洲的现代语言中,这两种第二人称单数形式的基本区别是:对社会地位比自己高,需要或应该对他表示尊敬的人用 V 形式(相当于现代汉语的"您"),对社会地位比自己低的人使用 T 形式(相当于现代汉语的"你"),在社会地位基本相同的人之间该用哪一种形式则宜参照其他相关因素而定。

欧洲许多现代语言中有 T/V 差别,但是,现代英语中没有 T/V 差别。我们知道,古英语曾经有过 T/V 形式:thou/ye,后来 you 取代 ve,兼有表示敬意的第二人称单数和第二人称复数两种用途。现代,you 失去了表示敬意的用法,表示第二人称单数、复数都用 you 这个形式。

现代英语中只有两种社交指示方式:①选用不同的称呼来表示说话人和听话人之间的关系,例如:Mr. Smith, Dr. Brown, Professor Harris;②使用只限于某些具有特殊身份或地位的人的正式称呼,例如:称法官为 Your Honour(阁下),称总统为 Mr. President。

上面说了语篇指示和社交指示。如果跟人称指示、时间指示、地点指示相比,语篇指示、社交指示则是两种不够典型,也不够普遍的指示。

四 会话含义

"会话含义"(conversational implicature)是美国语言哲学家格赖斯(Grice)首先提出来的,它是语用学的核心内容,在言语交际中起着非常重要的作用。"会话含义"理论以其新颖、重要的内容引起了哲学界、语言学界的广泛关注。

4.1 格赖斯的会话含义理论

美国语言哲学家格赖斯于1967年在哈佛大学的William James讲座作了三次演讲。其中第二讲《逻辑与会话》(Logic and Conversation)1975年发表于《句法和语义学:言语行为》第三卷(*Syntax and Semantics*, vol. 3: *Speech Acts*)上。在这篇演讲中,格赖斯提出了"合作原则"(cooperative principle)和"会话含义"理论,着重论述了"合作原则"的具体内容以及如何制约"会话含义"产生的过程。

我们认为,如果想要全面、深入地了解提出"合作原则"和"会话含义"的目的与重要意义,就必须得首先了解格赖斯关于"意义"的基本学说。

格赖斯于1957年在《哲学评论》(*Philosophical Review*)上发表了《意义》(Meaning)一文,正式提出了"非自然意义理论"。格赖斯把"意义"分为两类:"自然意义"(natural meaning)和"非自然意义"(nonnatural meaning)。

关于"自然意义",他举了这样一个例子:"Those spots meant measles"(那些斑点意味着麻疹)。指出如果不存在施事者(因而也不涉及施事者的意图),话语的意义只是"自然地"被理解,那么,这类话语就只表达自然意义。

关于"非自然意义",格赖斯认为它具有如下特征:

S 发出 U,具有非自然意义,当且仅当:

(i) S 发出 U,试图在 H 那儿引起某种效果 Z;

(ii) 通过 H 认可 S 的意图而使 S 的愿望不折不扣地实现。

在这里:S 代表说话人;H 代表听话人;U 代表由语言符号构成的话语;Z 粗略地代表在听话人那儿产生的信仰或意志力,或作出的反应。

格赖斯的"非自然意义理论"实际上是一种交际理论(A theory of communication)。作为一种交际理论,格赖斯紧紧抓住了言语交际行为的一个非常重要的方面,即交际过程总是和交际意图分不开的。实际上,任何交际过程都涉及交际意图,任何成功的交际都取决于听话人对说话人交际意图的准确理解。

格赖斯把非自然意义与自然意义严格区分开来的重要理论意义是主张运用"非自然意义理论"去全面地、深入地分析言语交际中话语的意义或信息交流内容。

按照格赖斯的"非自然意义理论",在言语交际中,一句话的全部意义,即有意图的信息交流内容应作下列图式分解(Levinson,1983:131):

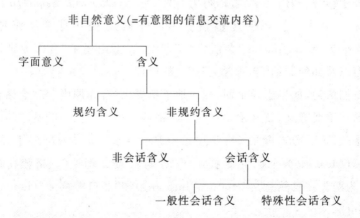

由这个图式可以清楚地看到,格赖斯认定"非自然意义"是由字面意义和含义两部分共同组成的。因此,要全面地、深入地研究交际中话语的意义,就必须既研究话语的字面意义,又研究话语的含义,而含义中又以会话含义最为重要。

语用学是在言语交际的总框架中研究话语意义的恰当表达和准确理

解的。正因为如此,"合作原则"和"会话含义"就成为重要的研究课题。

4.1.1 合作原则

格赖斯在《逻辑与会话》演讲中指出:在正常的情况下,人们的交谈不是由一串不连贯、无条理的话语组成的。之所以如此,是因为交谈的参与者都在某种程度上意识到一个或一组共同的目的,或者至少有一个彼此都接受的方向。这种目的或方向,可能是一开始就相当明确的(例如:由讨论一个问题的最初建议所确定),也可能是不甚明确的(例如:闲聊),也可能是在交谈过程中逐渐明确起来的。交谈过程中,不适合谈话目的或方向的话语被删除,使交谈得以顺利进行。这样,就提出了一个要求交谈参与者共同遵守的一般原则:"合作原则"(cooperative principle),即在参与交谈时,要使你说的话符合你所参与的交谈的公认目的或方向。

接着,格赖斯提出了四条准则,认为遵守这些准则就是遵守合作原则。

格赖斯仿效哲学家康德在"范畴表"中列出"量"、"质"、"关系"、"方式"四个范畴来构成其范畴体系的做法,划分"量"、"质"、"关系"、"方式"四个范畴,提出四个相应的准则及其相关的次准则。

格赖斯提出的四条准则及其相关次准则是:

(1) 量的准则(maxim of Quantity):指所提供的信息的量。

① 所说的话应包含为当前交谈目的所需要的信息;

② 所说的话不应包含多于需要的信息。

(2) 质的准则(maxim of Quality):所说的话力求真实,尤其是:

① 不要说自知是虚假的话;

② 不要说缺乏足够证据的话。

(3) 相关准则(maxim of Relevance):在关系范畴下,只提出一个准则,即所说的话是相关的。

(4) 方式准则(maxim of Manner):清楚明白地说出要说的话,尤其要:

① 避免晦涩;

② 避免歧义;

③ 简练；

④ 有条理。

格赖斯指出：这些准则各自具有的重要性是不一样的,在遵守各条准则上,不同的说话人,不同的场合,会有不同的侧重。

上述"合作原则"的各条准则是很重要的,交际中应该遵守。但这并不表明没有违反这些准则的情况出现。

格赖斯总结出四种可能不遵守这些准则的情况：

(1) 说话人宣布不遵守合作原则以及有关准则,例如："我不能说更多的话了";"无可奉告"。

(2) 说话人可以悄悄地、不加声张地违反一条准则。这样,在有些情况下他就会把听话人引入歧途,使听话人产生误解或受骗上当,例如"说谎"。

(3) 说话人可能面临一种"冲突"的情况,即为了维护一条准则而不得不违反另一条准则。例如,他可能满足了"量"的第一条次准则(所说的话应包含为当前交谈目的所需要的信息),就违反了"质"的第二条次准则(所说的话要有足够的证据)。格赖斯举出下面的例子来说明这种情况：

  A：Where does C live?

   (C 住在哪儿?)

  B：Somewhere in the south of France.

   (法国南部的某个地方。)

假定 B 知道 A 打算去探望 C,那么他的回答就违反了"量"的第一条次准则,因为他没有提供足量的信息。但是也没有理由认为他不合作。妥帖的解释是：B 知道如果提供更多信息,他会违反"不要说缺乏足够证据的话"这条"质"的次准则,而使自己面临一种"冲突"情况。所以,B 说 "Somewhere in the south of France" 的含义就是：他不能准确地知道 C 住在什么地方。

(4) 故意违反或利用某一准则来传递会话含义。说话人故意不遵守某一条准则,即说话人知道自己违反了某一条准则,同时还使听话人知道说话人违反了该条准则,但目的不是中断交谈,而是为了向听话人传递一种新信息——会话含义。

4.1.2 会话含义

言语交际是纷繁复杂的。在现实交际中,人们由于种种原因,并不都严格地遵守合作原则及其相关准则和次准则。当说话人违反了这些准则或次准则的时候,听话人就迫使自己超越话语的表面意义去设法领悟说话人所说话语的隐含意义。这种话语的隐含意义就是"会话含义"(conversational implicature)。

"会话含义"(即语用含义)是语用学的核心内容。格赖斯的会话含义理论,"本质上是一种关于人们如何运用语言的理论"(Levinson,1983:101)。它不是从语言系统内部(语音、语法、语义等)去研究语言本身表达的意义,而是依据语境研究话语的真正含义,解释话语的言外之意。会话含义关注的不是说话人说了些什么,而是说话人说这句话可能意味着什么。

4.1.2.1 会话含义

格赖斯把会话含义分为两类:一般性会话含义和特殊性会话含义。

(1) 一般性会话含义(generalized conversational implicature):不需要特殊语境就能推导出来的含义。

格赖斯认为,一般性会话含义举例较难,因为它容易跟规约含义混淆。他只举了一个"不定冠词+名词"的例子:

X went into a house yesterday and found a tortoise inside the front door.

(昨天 X 走进一幢房子,在前门内发现了一只乌龟。)

格赖斯认为这句话中的"a house"具有一般性会话含义:"这幢房子不是自己的"。

格赖斯为什么认为"a house"具有一般性会话含义呢?他举出以下两句话与之比较:

〈1〉I have been sitting in a car all morning.

(我已经在一辆小轿车里坐了一上午。)

在这句话中,"a car"不一定指别人的小轿车,也许是自己的。

⟨2⟩ I broke a finger yesterday.
（昨天我碰破了一个手指。）

但⟨2⟩中的"a finger"则肯定指自己的一个手指。

格赖斯指出：凡人们指望说话人表明某物的属性等特征而说话人未予表明时,他就违反了"量"准则的"所说的话应包含为当前交谈目的所需要的信息"这第一条次准则,其含义就是：说话人不清楚某物的属性。"X went into a house yesterday and found a tortoise inside the front door"中的"a house"即属于这一类。在人们不指望说话人具体说明某物属性的情况下,说话人可以不说明,这也并不违反"量"准则。例句⟨1⟩中的"a car",例句⟨2⟩中的"a finger",都属于这一类。

（二）特殊性会话含义（particularized conversational implicature）：需要依赖特殊语境才能推导出来的含义。格赖斯特别关注特殊性会话含义。例如：

⟨3⟩ A：What on earth has happened to the roast beef?
（烤牛肉究竟怎样了?）
B：The dog is looking very happy.
（那条狗看上去很得意。）

⟨4⟩ Perhaps the dog has eaten the roast beef.
（也许那条狗把烤牛肉吃了。）

⟨4⟩就是"The dog is looking very happy"的特殊性会话含义。

大部分违反或利用会话准则得出的含义是特殊性会话含义。例如,说反话就要求特定的背景假设来排除字面解释。但是,像隐喻或同义反复所表达的会话含义就不严格地受语境限制,例如：

隐喻：

⟨5⟩ England is a sinking ship.
（英国是一只正在沉没的船。）

⟨6⟩ 香港是东方明珠。

同义反复：

⟨7⟩ War is war.

（战争总是战争。）

⟨8⟩ 孩子总是孩子。

格赖斯在会话含义之外，在其"非自然意义"图式中还提到一种完全不同的非真值条件的推理，即"规约含义"（conventional implicature）。"规约含义"不是从会话准则那种高层次的语用原则推导出来的，而是简单地根据规约附属于特定的词项或话语。例如，but、and 有相同的真值条件，但 but 还具有附加的规约含义，即表明两个连接成分之间存在某种对立：

⟨9⟩ He is poor and honest.

⟨10⟩ He is poor but honest.

⟨9⟩和⟨10⟩命题一样，真值条件内容相同，即他（He）贫穷是真，他诚实也是真。但⟨9⟩中的 and 和⟨10⟩中的 but 体现不同的"规约含义"。But 的"规约含义"可表示连接成分的第二部分是出人意料的，即人们的常规推断是：人穷就不诚实，但⟨10⟩说的则是：他虽穷，但却诚实。所以，but 的规约含义是指非真值条件下的推断。

格赖斯首先使用"规约含义"这个术语，但他只举了 but 和 therefore 这两个例子。后来，坎普森（Kempson, 1975）、卡图南和彼得斯（Karttunen & Peters, 1979）又增加了一个 even；威尔逊（Wilson, 1975）又增加了一个 yet。列文森（Levinson, 1983）认为，语言中指示词语的主要意义往往是规约含义。例如：

语篇指示词：however（可是），besides（此外），although（虽然），oh（哦）

社交指示词：Sir（先生），Madam（夫人），Your honour（阁下），Hey（嘿！）

4.1.2.2 会话含义的推导

在§4.1.1 谈到的违反合作原则有关准则的第四种情况，其真正作用是利用合作原则中的有关各条准则来使听话人推导出会话含义。现在举例说明如下(这些例子既包括格赖斯举的例子,也包括我们增补的例子):

(一) 利用"量的准则"推导的会话含义

(1) 故意违反"量的准则"的第一条次准则:"所说的话应包含为当前交谈目的所需要的信息",以使听话人推导出会话含义。例如,某哲学教授为谋求从事某种哲学研究工作的学生写了这样一封推荐信:

〈11〉 Dear Sir,

  Mr. X's command of English is excellent, and his attendance at tutorials has been regular.

            Your, X X

(亲爱的先生:

  某君精通英语,经常出席导师主持的讨论会。

            某某签名)

某哲学教授受某学生之托,没有充分理由不遵守合作原则,但他作为哲学教授清楚地知道某学生哲学学得不怎么好,缺乏哲学头脑,根本不适合从事哲学研究工作。故在推荐信中只用一句话来介绍这位学生的情况,故意不向用人单位提供所需要的重要信息——哲学学习情况。用人单位见到这封短信自然会推导出其会话含义:该生不适合搞哲学研究。

〈12〉 回家把弟妹接来。她也许不是你理想中的人儿,可是她是你的夫人,一个真人,没有您那些《聊斋志异》!

           ——老舍《离婚》

这段话是"天生媒人"张大哥对同事李科员说的。"没有您那些《聊斋志异》"是故意不提供足量信息,其含义是劝诫李科员少些花妖狐魅的浪漫情怀,多讲点实际——接来"一个真人":夫人。

(2) 故意违反"量的准则"的第二条次准则:"所说的话不应包含多于需要的信息",以使听话人推导出其含义。例如,A 想知道是不是 P(P 可以是各种内容的话),B 回答时不仅说是 P,而且说当然是 P,有什么证据能证明是 P:

〈13〉Aunt: How did Jimmy do in his history examination?
（吉米的历史考试成绩怎样？）

Mother: Oh, not at all well. Teachers asked him things that happened before the poor boy was born.
（哦，一点也不好。老师们问的全是这可怜的孩子出生之前发生的事。）

这位母亲只要回答"Oh, not at all well"就足够了。但她又加上了后面一句多余的话。听话人通过这句多余的话能推导出这样的含义：这位母亲认为，孩子的历史考试不及格并不是孩子的过错，而是因为老师考了一些这孩子出生之前发生的事。

〈14〉赵子曰大声的说："你赶紧跑，到后门里贴戏报子的地方，把那张有我的名字的报子揭下来！红纸金字有我的名字，明白不明白？不要鼓楼前贴的那张，那张字少；别揭破了，带着底下的纸揭，就不至于撕破了！办得了办不了？"

——老舍《赵子曰》

这段话是大学生赵子曰"义务献演成功"后对旅馆的跑腿伙计李顺说的。从信息量来说，赵子曰对李顺只需说"你到后门里贴戏报子的地方把那张有我的名字的报子揭下来"就足够了，而赵子曰却提供了大量的多余信息，其含义是：显示大学生赵子曰"义务献演成功"的喜悦心情。

（二）利用"质的准则"推导的会话含义

（1）故意违反"质的准则"的"不要说你自知是虚假的话"这条次准则，而故意说些不符合事实的话，让听话人推导出会话含义来。例如：

说反话：

〈15〉X is a fine friend.

这句话的字面意义是："X是一位好朋友"；但在X把Y的一个商业秘密泄露给另一商家，并且这件事Y和他的听众都知道的语境下，Y说出"X is a fine friend"这句话，其含义则为："X是个背信弃义的坏朋友"。

隐喻：

〈16〉You are the cream in my coffee.

这句话的字面意义是："你是我咖啡中的奶油"，这种说法有明显的范畴谬误，应推导出其会话含义："你是我的骄傲与欢乐"。

〈17〉他是一首诗，一首舒伯特和林黛玉合写的诗。

——朱小鸥《他像一首诗：听黄宗江谈孙道临》

这是黄宗江评孙道临的艺术与人生时说的一句话。作者把孙道临喻为"一首舒伯特和林黛玉合写的诗"，其含义是："孙道临执着追求艺术的真、善、美"。

缓叙：

当某人无端把家具、摆设全砸碎了的时候，有人说：

〈18〉He was a little intoxicated.

这句话的字面意义是："他已有些醉意了"，推导出的会话含义则是："他已大发酒疯了"。

夸张：

〈19〉X runs as fast as a deer.

这句话的字面意义是："X跑得像鹿一样快"，其含义是："X跑得非常快"。

掩饰：

〈20〉白巡长……打开了簿子，问瑞宣："除了老三病故，人口没有变动吧？"瑞宣十分感激白巡长，……低声的也回答了一声："没有变动。"

——老舍《四世同堂》

白巡长在紧紧跟着他的两个便衣特务的面前，用"老三病故"为齐家老三逃出被日军占领的北京城到京西山区参加抗日斗争打掩护。瑞宣敏锐地推导出了白巡长的话语的含义。

(2) 故意违反"质的准则"的"不要说缺乏足够证据的话"这条次准则，说一些不诚实或不负责任的话，从而使听话人推导出某种含义。

例如:

⟨21⟩ She is probably deceiving him this evening.
(今晚她可能就在欺骗他。)

某人在合适的场合谈论 X 的妻子时说出这句话,听话人知道某人说这话并无足够的证据,但他有理由认为这位妻子是经常让他的丈夫戴绿帽子的那类女人。

(三) 利用"相关准则"推导的会话含义

在高雅的茶会上:

⟨22⟩ A: Mrs. X is an old bag.
(X 夫人是个老丑八怪。)

B: The weather has been quite delightful this autumn, hasn't it?
(今年秋天天气清爽宜人,对吗?)

B 说的话与 A 说的话毫不相关,B 说这句话的含义是: A 的话在茶会上太不文明,应另换话题。

⟨23⟩ 朴　(向下人)跟太太说,叫账房给鲁贵同四凤多算两个月的工钱,叫他们今天就走。去吧。

萍　爸爸,不过四凤同鲁贵在家里都很好,很忠诚的。

朴　嗯,(呵欠)我很累了。我预备到书房歇一下。你叫他们送一碗浓一点的普洱茶来。

——曹禺《雷雨》

周朴园说的话与周萍说的话不相干,周朴园的话的含义是:你(周萍)不懂得这其中的奥妙(四凤、鲁贵跟侍萍的特殊关系,以及侍萍跟周朴园三十年前的特殊关系),换个话题吧!

(四) 利用"方式准则"推导的会话含义

(1) 故意违反"方式准则"的第一条次准则:"避免晦涩",即 A 跟 B 说话故意晦涩,使在场的第三者听不懂,以此传达不可告诉第三者的含义。例如:

〈24〉 A: Let's get the kids something.
　　　B: Okay, but I veto C-H-O-C-O-L-A-T-E.

A(父亲)想给孩子们弄点东西吃,B(母亲)同意,但故意使用晦涩的话语,使 A 推导出 B 的条件:反对孩子们吃巧克力。B 说的话语中使用了一个拉丁语源的书面词语 veto(＝be against),又把"巧克力"按字母顺序一个一个地念出来,目的就是使孩子们听不懂,而只让 A 领会话语的含义。

〈25〉萍　对了……,我预备明天离开家里到矿上去。
　　　蘩　你到矿上做什么呢?
　　　冲　妈,你忘了,哥哥是专门学矿科的。
　　　蘩　这是理由么,萍?
　　　萍　说不出来,像是家里住得太久了,烦得很。
　　　蘩　(笑)我怕你胆小吧?
　　　萍　怎么讲?
　　　蘩　这屋子里曾经闹过鬼,你忘了?

——曹禺《雷雨》

蘩漪对周萍故意说些晦涩话语:"我怕你胆小吧?""这屋子里曾经闹过鬼"(指周萍和后母蘩漪这对"男鬼"和"女鬼"的乱伦行为,怕被周朴园觉察识破),目的是只使周萍心领神会,不让在场的第三者周冲听明白。

(2) 故意违反"方式准则"的第二条次准则:"避免歧义",即故意使用歧义句来产生会话含义(产生会话含义的歧义句,是为了某种目的故意精心安排的,其会话含义只有了解说话人实际情况的听话人才能准确地推导出来)。例如:格赖斯依据布莱克(Blake)的诗句"Never seek to tell thy love, Love that never told can be"化出的诗句:

〈26〉 I sought to tell my love, Love that never told can be.

这个句子有双重歧义:"my love"既可指"我的爱情",又可指"我的爱人";"Love that never told can be"既可指"无法诉说的爱情",又可指"不可告诉人的(一旦告诉人就要消失的)爱情",也就是说,这句话有四种含义:

我曾企图诉说我的爱情,那无法诉说的爱情;

我曾企图诉说我的爱情,那不能告诉人的爱情;

我曾企图告诉我的爱人,说那无法诉说的爱情;

我曾企图告诉我的爱人,说那不能告诉人的爱情。

在这些含义中,诗人没有明确地突出其中任何一种,是让听话人选择诗人愿意说、听话人愿意听的那一种。

〈27〉"你不要再叫陈主任,你就叫我的名字,叫我奉光罢。"他央求道。

"我们叫陈主任叫惯了,改不过口来,……"她[树生]带笑回答说。……

"横顺以后要改口的,"……故意停了一刻,才补一句:"在兰州我是经理了。"

——巴金《寒夜》

奉光故意使用歧义句"横顺以后要改口的"产生语用含义:"你爱我之后自然叫我奉光而不再叫陈主任了",但巧妙地用"在兰州我是经理了"这句话来作掩饰,使自己处于进可攻退可守的有利地位。

(3) 故意违反"方式准则"的第三条次准则:"简炼",而说些啰唆话。例如:

〈28〉 Miss X produces a series of sounds that correspond closely with the score of "Home, Sweet Home".

(X 小姐发出了跟《家,甜蜜的家》的乐谱基本相当的一串声音。)

评论家故意不用简明的动词 sing(唱),而选用"produces a series of sounds that correspond closely with the score of"这一串词的序列来表达,其含义是:"X 小姐的《家,甜蜜的家》唱得很糟糕"。

〈29〉可是,小姐,……你听着,……这是美丰金店六百五十四块四,永昌绸缎公司三百五十五块五毛,旅馆二百二十九块七毛六,洪生照像馆一百一十七块零七毛,久华昌鞋店九十一块三,这一星期的汽车(费)七十六块五——还有——。

——曹禺《日出》

这是当交际花陈白露声称她不愿意见银行家潘经理后,旅馆茶房福生对她说的一席啰唆话。这段话的含义是:"你这位交际花负债累累,不屈从于开银行有大钱的潘经理,你能混下去吗?"

(4) 故意违反"方式准则"的第四条次准则:"有条理",而说些杂七杂八无条理的话,例如:

〈30〉甲:我研究的不是一门儿,是全门儿。我一个人研究的包括他们所有的各门儿,我这叫综合科学。

乙:啊,这我不懂,什么叫综合科学?

甲:这么说吧,我所研究的是包罗万象。自从混沌初分,海马献图,一元二气,两仪四象生八卦,八八六十四卦,阴阳金木水火土……

乙:行啦,您甭说了,你怎么还研究这个呢?

甲:怎么啦?

乙:现在是原子时代,人类都飞上天空去了,到宇宙间去了。人家研究原子、核子、电子、离子……

甲:这我懂,原子、电子、饺子、包子……

乙:包子?

——侯宝林《阴阳五行》

甲违反"方式准则"的第四条次准则:"有条理",把原子、电子跟饺子、包子混杂,无知妄说。

上面分别阐释了利用"量准则"、"质准则"、"相关准则"和"方式准则"来推导的会话含义。格赖斯认为,会话含义必须是能推导出来的。他试图这样来界定"会话含义"及其推导(Levinson,1983:113):

S 说 P,其会话含义为 Q,如果:

(i) 假定 S 遵守各项准则,或(在违反有关准则的情况下)至少遵守合作原则;

(ii) 为了维护这个假设,必须假定 S 想要表达 Q;

(iii) S认为S和H两者共知:H能推导出保持(i)中的假设,实际上被要求的就是Q。

然后,他指出,听话人能推导含义Q,H必须知道或者相信他知道下述事实:

(i) 已说出的句子(P)的规约内容;
(ii) 合作原则及其各条准则;
(iii) P的语境(即其相关性);
(iv) 一定的背景信息(即P明显虚假);
(v)(i)—(v)是S(说话人)和H(听话人)的共知。

很清楚,会话含义是从三个方面推导出来的:(1)说出的话语;(2)至少遵守合作原则的假设;(3)特定的语境。但会话含义究竟跟"说出的话"的哪些方面有关?也就是说,推导会话含义必须参照语言的哪个或哪些层次?研究表明:除了根据"方式准则"得出的含义之外(因为由"方式准则"的两个次准则,即"避免晦涩"、"避免歧义"推导出来的会话含义必须得参照语句的表层形式),其他会话含义都必须从语义表达层次,包括某种逻辑形式中推导出来。

4.1.2.3 会话含义的特征

格赖斯认为,会话含义的基本特征大体上可以预言。他离析出以下五大特征:

(一) 可取消性(cancellability)

可取消性是会话含义的第一个,也是最重要的特征。即如果在原初的某一话语(注意:格赖斯认为"含义"不是由句子而是由话语推导出来的)上附加上某些前提,某种会话含义就会被取消。例如:

(1) 附加上一个if-从句,话语的含义就取消了

⟨31⟩ John has three cows.
   (约翰有三头奶牛。)

遵守"量的准则",⟨31⟩有含义⟨32⟩:

⟨32⟩ John has only three cows and no more.
（约翰只有三头奶牛，不多也不少。）

但当⟨31⟩附加上一个相应的 if-从句之后，会话含义⟨32⟩就被取消了：

⟨33⟩ John has three cows, if not more.
（约翰有三头奶牛，如果不更多的话。）

这样一来，⟨33⟩不再有含义⟨32⟩。

(2) 特定的语境使话语的含义被取消

假定某机构规定必须养三头奶牛才能发给优厚的补贴。为此，某机构的检查员跟约翰的邻居有如下的对话：

⟨34⟩ Inspector: Has John really got the requisite number of cows?
（约翰真有足够数量的奶牛吗？）
Neighbour: Oh sure, he's got three cows all right.
（哦，他确实有三头奶牛。）

在这种语境下，检查员和约翰的邻居所关注的是约翰是否已达到某机构规定必须养三头奶牛的标准，而"约翰只有三头奶牛，不多也不少"的含义被取消了，约翰养的奶牛是三头也可以多于三头。

(二) 不可分离性 (non-detachability)

会话含义依附于话语的语义内容而非语言形式，因此，不可能通过同义词的替换把会话含义从话语中分离出去。例如：

⟨35⟩ John's a *genius*.
（约翰是个天才。）

⟨36⟩ John's an *idiot*.
（约翰是个白痴。）

在交谈双方都知道⟨35⟩确实为假的语境里，⟨35⟩具有反话性质，其含义是⟨36⟩。也可以换成其他同义结构，例如：

⟨37⟩ John's *a mental prodigy*.
（约翰是个智力奇才。）

⟨38⟩ John's an *exceptionally clever human being*.

（约翰是个特别聪明的人。）

⟨39⟩ John's an *enormous intellect*.

（约翰是个大有才智的人。）

⟨40⟩ John's a *big brain*.

（约翰是个智囊。）

这些不同的说法表达的命题能产生相同的反话含义。因此，会话含义一般地说是不可分离的（只有"方式准则"产生的会话含义例外，因为表达方式专门与话语的形式相关联）。

（三）可推导性（calculability）

听话人根据话语的字面意义和合作原则及其各条相关准则，推导出话语的含义来。

推导会话含义的一般模型如下（Levinson,1983:113-114）：

说话人 S 说的话语 P 具有会话含义 Q，当且仅当：

(i) S 说了 P；

(ii) 没有理由认为 S 不遵守各项会话准则，或者至少 S 得遵守合作原则；

(iii) S 说 P 而又遵守会话准则或合作原则，因此，S 必定要想表达 Q；

(iv) 如果 S 是合作的，S 必定知道被假设的 Q 是交谈双方的共知；

(v) S 没有采取任何行动阻止听话人作 Q 的理解；

(vi) 因此，S 要听话人作 Q 的理解，即说 P 的含义是 Q。

例如：

⟨41⟩ 王军霞是东方神鹿。

(i) S 说："王军霞是东方神鹿"；

(ii) 但王军霞是长跑运动员，不是神鹿；

(iii) S 偏要说"王军霞是东方神鹿"，且持合作态度，所以必定是想要表达会话含义；

(iv) S 和 H 共知"鹿"是跑得最快的,"神鹿"当然跑得更快;

(v) S 未阻止 H 作这样的理解;

(vi) 因此,S 说"王军霞是东方神鹿"这句话的会话含义是:"王军霞是跑得最快的长跑运动员"。

(四) 非规约性(non-conventionality)

会话含义不是话语的规约意义的部分。既然必须在知道话语的字面意义之后才能在语境中推导出它的含义,那么这种含义就不可能属于字面意义。

此外,会话含义的非规约性还表现为:话语命题的真假不会影响到含义的真假,反之亦然。例如:

⟨42⟩ Herb hit Sally.

(贺伯打了萨莉。)

依据"量准则",⟨42⟩的含义是⟨43⟩:

⟨43⟩ Herb didn't kill Sally by hitting her.

(贺伯打了萨莉,但没有打死她。)

在这种情况下,⟨42⟩的命题是真,其含义⟨43⟩也真。

如果贺伯打死了萨莉,说话人仍说⟨42⟩,那就是他采取不合作态度,故意违反"量准则",不提供足量信息。在这种情况下,⟨42⟩的命题是假,但作为⟨42⟩的含义⟨43⟩仍然真(因为含义是从⟨42⟩的字面意义推导出来的)。

如果⟨42⟩的命题是真,从⟨42⟩推导出来的含义⟨43⟩后来因萨莉伤势过重死亡而变为假。在这种情况下,如果说话人仍说⟨42⟩,那么他又是故意违反"量准则",试图蒙骗听话人。这样,⟨42⟩的命题是假,⟨42⟩的含义⟨43⟩也是假了。

由上述分析可以看到:"会话含义"是随着语境的变化而变化的,而不是随着命题的真假而变化的。这正好表明了"会话含义"的非规约性。

(五) 不确定性(indeterminacy)

具有单一意义的词语在不同的场合可以产生不同的含义。例如:

⟨44⟩ John's a *machine*.
（约翰是一台机器。）

"机器"这个词语的会话含义可以是：约翰是冷漠的，或能干的，或不停地工作，或不会动脑筋，或这些含义都有。只有依据具体的语境，才能确定话语究竟是哪一种含义。会话含义具有不确定性，它与各种语义理论通常假设的稳定不变的意义不相容。

⟨45⟩ A：I really disliked that man you introduced me to.
（我真不喜欢你介绍与我见面的那个人。）
B：He's your new boss.
（他是你的新老板。）

B句的含义是不确定的：在不同的语境中可能表达一种警告、规劝、估计或判断。

4.2 新格赖斯会话含义理论

格赖斯在20世纪60年代提出的"会话含义理论"完成了从意义（meaning）到含义（implicature）的过渡，对语言学和逻辑学都作出了重要的贡献，即发展了一种新的推理形式——语用推理，但"会话含义理论"还有不少不完备的地方，引起了学者们的广泛关注，"合作原则"是争论的焦点。关于"合作原则"，归纳起来有三种不同的看法或态度：(1)弃之不用。有些学者认为，合作原则不具有普遍性，缺乏解释力。(2)另立新原则。有些学者认为，合作原则不能充当制约交际行为的原则，应另立新原则。例如，卡舍（Kasher）1976年提出"理性原则"（rationality principle），斯帕伯（Sperber）和威尔逊（Wilson）1986年提出"关联原则"（principle of relevance）。他们认为，言语交际是人类认识活动的一部分，而作为认识活动，人们只是对那些表现出关联性的现象才易于接受、易于理解；在言语交际中，有关联的现象才易于进行话语处理。所谓"关联"，主要用来指话语内容（命题）跟语境集合$\{C^1, C^2, C^3, C^4, \cdots C^n\}$之间的关系。关联的情况可能有三种：①新信息跟语境结合；②新信息加强现有语境；③新信息跟语境相斥。这三种情况会产生不同的语境效果。在言语交际中,说话人要为处理话语付出努力,在处理话语中得到语境效果,"关联"就在这过程中表现出来。斯帕伯和威尔逊提出两条相互联系、相互制约的规则来描述"关联性":①在相同条件下,为处理话语付出的努力越小,关联性越大;②在相同的条件下,获得的语境效果越大,关联性越大。把这两者结合起来,就是:付出的努力最小而又能产生足够的语境效果,就具有最佳的关联性。在此基础上,他们提出了一条规范和理解言语交际中的话语的原则,即关联原则:任何一个外显性的言语交际行为,都表明具有它自身设定的最佳关联性。关联原则认为,人们之所以这样而不那样来安排话语,是因为这样的话语已经设定了最佳的关联性,用最小的努力就能表达最充分的含义。我们认为,"关联"的确是人类认识活动的一大显著特征,因此,选择"关联性"作为研究言语交际的原则是有道理的,但只凭"关联性"恐怕难以包容会话含义研究中所涉及的各种因素,何况"关联原则"至今仍停留在理论阐释阶段,缺乏可操作性。(3)接受、修正、发展。持这种态度的学者们,接受"合作原则",但认为它在普遍性、应用性和解释的充分性方面存在着局限性。因此,必须进行修正并加以发展,使之具有更强的解释力(Kempson, 1975; Atlas & Levinson, 1981; Leech, 1983)。我们认为,这种看法是具有建设性的。

4.2.1 新格赖斯会话含义理论:列文森三原则

一批接受"合作原则",致力于修正、完善格赖斯"会话含义理论"的学者,如盖兹达(Gazdar)、荷恩(Horn)、阿特拉斯(Atlas)和列文森(Levinson)等,做了许多有成效的研究工作。列文森在概括这批学者研究成果的基础上,于1987年发表了《语用学和前指代语法》(*Pragmatics and the Grammar of Anaphora*),在这篇论文中,他提出了列文森会话含义"三原则";他又在1991年发表的一篇再论前指代规律的论文中正式把列文森三原则称为"新格赖斯语用学机制"(Neo-Gricean Pragmatic Apparatus)。后来,学者们称之为"新格赖斯会话含义理论"(Neo-Gricean Theory of Conversational Implicature),从而使格赖斯在20世纪60年代提出的"古典格赖斯会话含义理论"(即"会话含义理论")发展为

80年代的"新格赖斯会话含义理论"。

下面,我们介绍列文森提出的会话含义三原则。

(一) 量原则(Q-原则)

说话人准则:

在你的知识范围允许的情况下,不要说信息量不足的话,除非提供足量的信息违反信息原则。

听话人推论:

相信说话人提供的已是他所知道的最强的信息,因此:

(i) 如果说话人说 A(W),而⟨S,W⟩形成"荷恩等级关系",以至 A(S)⊢ A(W),则可推导出 K∼(A(S)),即说话人知道较强的陈述是不能成立的;

(ii) 如果说话人说 A(W),而 A(W)并不蕴涵内嵌句 Q,但 Q 却为一个较强的陈述 A(S)所蕴涵,且{S,W}是一个对比集,则可推导出∼K(Q),即说话人不清楚 Q 是否可以成立。

注意:符号 A 表示一个任意的句子框架,A(S)、A(W)分别表示同一框架内包含了 S 内容和 W 内容;⟨S,W⟩表示尖括号内的词语的信息强度按先 S(强)后 W(弱)次序排列,即"荷恩等级关系"(列文森利用荷恩的研究成果,提出了"荷恩等级关系")。要使⟨S,W⟩构成荷恩等级关系,必须:①在一个任意的句子框架 A 内必得实现 A(S)蕴涵 A(W);②S 和 W 词汇性质相同;③S 和 W 涉及的是相同的语义关系或来自相同的语义场;A(S)⊢ A(W)表示前一个句子的内容蕴涵后一个句子的内容;K 表示"知道";∼表示"否定";Q 表示内嵌句("内嵌句"指传统语法中及物动词后的宾语从句);{S,W}表示一个其语义内容有对比关系的动词集,例如{知道,相信}。

量原则运用举例:

例一:⟨all,some⟩

设有分别包含 all 和 some 的句子:

⟨46⟩ All of them are students.

(他们全部是大学生。)

⟨47⟩ Some of them are students.

(他们中有些人是大学生。)

在这里,⟨46⟩蕴涵⟨47⟩;如果说话人说⟨47⟩,表示他知道说⟨46⟩是不符合事实的。

例二:{know, believe}

设有分别包含 know 和 believe 的句子:

⟨48⟩ I believe that there is life on Mars.

(我相信火星上有生命。)

⟨49⟩ I know that there is life on Mars.

(我知道火星上有生命。)

在这里,动词 believe 和 know 构成荷恩等级关系⟨S,W⟩,believe 为弱项,know 为强项。说⟨48⟩时,W(believe)不能蕴涵宾语从句 Q(火星上有生命),而说⟨49⟩时,S(know)却蕴涵宾语从句 Q(火星上有生命)。因此,当说话人说出⟨48⟩时可推导出含义⟨50⟩:

⟨50⟩ I don't know that there is life on Mars.

(我不知道火星上是否有生命。)

即说话人不知道宾语从句 Q(火星上有生命)是否可成立。

(二) 信息原则(I-原则)

说话人准则:最小极限化准则

"尽量少说",即只提供最小极限的语言信息,只要能达到交际目的就够了(注意到量原则)。

听话人推论:扩展规则

通过找出最为特定的理解来扩展说话人话语信息的内容,直到断定为说话人的真正意图为止。特别是:

(i) 设定句子所谈的对象和事件之间所形成的关系是常规关系,除非:①这跟已确认的情况不符;②说话人违反了最小极限化准则,用了冗长的表达形式。

(ii) 如果某种存在或实情恰好跟已确认的情况相符,就判定这正是句子所要说的。

实际上,信息原则包括以下两个方面:说话人的表达倾向于最小极限化和听话人的理解力求把话语信息扩大到最大极限化。

信息原则的运用可以进行多种模式的推导,下面列出几种常用的模式:

常理型推导:

⟨51⟩ John said something to the nurse. (A) →John said something to a female nurse. (B)

(约翰对那位护士说过某件事。⟨A⟩→ 约翰对一位女护士说过某件事。⟨B⟩)

(请注意:符号"→"表示"其会话含义是"。下同。)

联系型推导:

⟨52⟩ Mary bought a new skirt. The zipper now doesn't work. (A) →Mary's new skirt has a zipper. (B)

(玛丽买了一条新裙子。拉链坏了。⟨A⟩→玛丽的新裙子有一条拉链。⟨B⟩)

联袂型推导:

⟨53⟩ John and his wife bought a new car. (A) → They bought only one car, not one each. (B)

(约翰和他的妻子买了一辆新车。⟨A⟩→他俩只买了一辆车,而不是每人各买了一辆。⟨B⟩)

隶属归类型推导:

⟨54⟩ The little boy was still missing. The mother was worried. (A) →The mother was the mother of the missing boy. (B)

(那个小男孩仍下落不明。那位母亲十分焦急。⟨A⟩→那位母亲是那个下落不明的小男孩的母亲。⟨B⟩)

条件完备型推导:

⟨55⟩ If you can show me your IC, I will let you in. (A) →If and only if you can show me your IC, I will let you in. (B)

(如果你能向我出示 IC,我就让你进去。〈A〉→当且仅当你向我出示 IC 的条件下,我才会让你进去。〈B〉)

模式型推导:

〈56〉Jack pushed the cart to the checkout.（A）→ Jack pushed the cart full of groceries to the checkout of the supermarket in order to pay for them.（B）

(杰克推着购物车来到出口的收银处。〈A〉→杰克推着装满食品杂货的购物车走到超级市场出口的收银处,以便付款后离去。〈B〉)

在以上这些类型的推导中,听话人是通过信息原则的运用,把(A)句的信息内容扩大到最大极限,找出其最为特定的理解,来领会说话人的真正意思。在上述类型的推导中,(B)句都是(A)句的会话含义。

请注意:列文森的量原则和信息原则是两条既对立又统一的原则。根据量原则,说话人如果未说出语义强度大或信息量充足的话语,那就意味着他要表达跟这句话不同的意思,由此可推导出量含义。与此相反,根据信息原则,说话人如果说出语义强度小或信息量不足的话语,那就是他意欲让听话人按常规关系推导出具体、确切的信息含义。

(三) 方式原则(M-原则)

说话人准则:

不要无故使用冗长、隐晦或有标记的表达形式。

听话人推论:

如果说话人使用了一个冗长的或有标记的表达形式,就会有跟使用无标记表达形式不同的意思。这种情况表明:说话人尽力避免无标记的表达形式带来的常规性联想和作出信息含义的推导。

方式原则是通过话语异常的表达形式来推导有关含义的。例如:

〈57〉John opened the door.

〈58〉John cause the door to open.

这两句话都表示"约翰把门打开了",但〈57〉表示通常的开门动作;〈58〉是有标记成分,暗示约翰不是按照寻常方式开门。

列文森指明:量原则、信息原则、方式原则这三个原则的运用是有顺序的,总的来说是:量原则＞方式原则＞信息原则。具体说明如下:

(i) 符合"荷恩等级关系"的表达形式实行量原则的推导先于信息原则的推导;

(ii) 其余情况则由信息原则得出特定的理解,除非:

(iii) 并存两个意义相同的表达形式,一个有标记,一个无标记;无标记的由信息原则推导其会话含义,有标记的由方式原则推导出无法应用恰当的信息原则推导出来的含义。

4.2.2 徐盛桓的贡献:为新格赖斯会话含义理论构建了一个语用推理机制

列文森三原则的提出,原本是为了满足"前指代"(anaphora)研究的特殊需要,因此,他未提出一个语用推理机制是可以理解的。但是,当人们把列文森三原则视为新格赖斯会话含义理论时,缺乏语用推理机制就是一个明显的缺陷了。中国学者徐盛桓为新格赖斯会话含义理论构建了一个语用推理机制,使新格赖斯会话含义理论进一步完善。

徐盛桓构建的语用推理机制包括两个部分:推导过程和实施规则。

(1) 推导过程

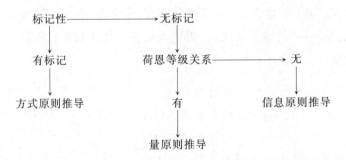

整个推导过程从"标记性"起,先纵后横,通过箭头表示的通道过渡,直至纵行的终端,作出推导的选择。

(2) 实施规则

A. 方式原则推导的实施规则

一个有标记的表达形式可能得出会话含义集$\{I_1, I_2, \cdots I_n\}$,若从语境效果来说，$I_1 > I_2 > \cdots > I_n$，则 I_1 最可能成为所期待的含义。

下面，对这一实施规则作出说明：

要把方式原则的运用和语境联系起来，因为话语表达方式的选择和语境紧密相关。表达方式的选择包括同义句的选择和不同义句的选择。想要表达的实际意义和所运用的表达形式字面意义相同，这是同义句选择；这时的表达形式若趋向于冗长、隐晦、怪异，就是趋向于运用有标记形式。字面意义和实际想要表达的意义有差别，这是不同义句的选择；这时的表达形式必为有标记成分。

语境效果是指话语在一定语境下产生的交际效果。在交际时，说话人要考虑在特定语境下选用什么样的表达形式才能产生最佳语境效果，听话人则要推导出如何理解这一表达形式才符合最佳的语境效果。例如：

〈59〉甲：你可以抽空去一趟吗？

乙：我不是没有时间去。

"不是没有"这一双重否定是冗长的表达，因而是有标记成分。"不是没有"的表面意思是"有"，但我们可明显地感到乙对"去"有很大的保留，因此，可以看成是乙话语的会话含义，不过我们有可能推导出更接近乙的原初意图的含义。用"不是没有……"代替正常的表达"有……"，暗示了"不是……而是……"的转折句式，让听话人根据语境去设想"而是……"的部分。例如：

$$\text{我不是没有时间去，而是} \begin{cases} \text{没有钱去}(I_1) \\ \text{没有精力去}(I_2) \\ \text{没有兴趣去}(I_3) \\ \text{有人不许我去}(I_4) \\ \vdots \\ \text{嫌……}(I_n) \end{cases}$$

在 $\{I_1, I_2, I_3, \cdots I_n\}$ 中，哪一个说法最符合乙当时的实际情况，也就是最符合当时的特定语境,得到最佳的语境效果,就最有可能是乙当时说"我不是没有时间去"这句话的会话含义。

B. 量原则推导的实施规则

⟨S,W⟩符合"荷恩等级关系",则:

$A(S) = A(W) + A(X)$(X 就是 S 比 W 强的语义信息内容)

① $A(S) \vdash A(W)$

② $A(W) \vdash \sim A(S)$

③ $\because A(W) \vdash \sim A(S)$
   $\therefore A(W) \vdash \sim [A(W) + A(X)]$
   $\vdash A(W) + \sim A(X)$
   $\vdash \sim A(X)$

④ $A(W) \vdash \sim T[A(S)]$(T 表示"说明")
   $A(W) \rightarrow \pm A(S)$(这是表示 $+A(S) \vee -A(S)$,下同)

⑤ $K[A(W)] \vdash K[\sim A(S)]$
   $\vdash \sim K[A(X)]$

⑥ 设 $V = \{F_1, F_2, \cdots, K_1, K_2, \cdots\}$ 为一表感知活动的动词集,F 表只是感觉、想象,尚未达到"知"(K)的动词,K 表已达到确知的那些动词。以"知"、"未知"形成"荷恩等级关系",P 为一命题,则:

   (i) $K(P) \vdash P$;
   (ii) $F(P) \vdash \sim K(P)$;
   (iii) $F(P) \vdash \rightarrow \pm P$。

下面,对这一实施规则作出说明:

列文森在量原则的第(i)、(ii)点已对推导的基本思路作了说明,徐盛桓在这里提出的六条实施规则是这一思路的具体化。

量原则的推导是建筑在"荷恩等级关系"之上的。这一关系实际上是一组词或一对词的语义-信息强度的先强后弱的顺序关系。为了能合理安排,首先要求这组词或这对词的语义-信息有可比性。列文森规定:①词汇性质相同,如词性相同或用法相同,②有共同的语义场关系,亦即有相同的类义素(classeme);其次是词的语义-信息强度有差异。差异可以从"蕴涵关系"看出来,这就是 $A(S) \vdash A(W)$。例如⟨全部(S),大部分

(W)〉:"全部学生都来了"蕴涵"大部分学生都来了";当我们说"全部学生都来了"蕴涵"大部分学生都来了"时,还可以补充一句:"其实不止如此,实际上其余学生都来了",因为"全部学生"="大部分学生+其余学生"。信息强度的差异,都可以沿用这一公式表示:

〈和,或(and,or)〉:和(即合取)=析取("或"的语义信息内容)+析取后余下的部分。

〈爱,喜欢(love,like)〉:爱(其中的一种词义)=喜欢+其强烈程度达到对情侣的恋慕的程度。

〈成功,尝试(succeed in V-ing, to V)〉:成功=尝试+直至达到目的。

"+"号后面的部分,就是上文说的"其实不止如此"的部分,下面用 X 表示。通常,X 就是 S 比 W 强的语义信息内容。因此:

〈S,W〉:S=W+X

∴A(S)=A(W)+A(X)

凡有关的语句中有词语可以建立〈S,W〉关系的,就可以选用有关的实施规则来推导。

六条实施规则可分为三种情况:

第一种情况:从话语提供的强势(S)推导出弱势(W)(规则①);

第二种情况:从话语提供的弱势(W)可以进行三方面的推导(规则②③④);

第三种情况:从说话人表示的知识状态进行推导(规则⑤⑥)。

规则①,A(S)⊢A(W):从 S 推导 W,例如:

设甲乙都知道某大学中文系的硕士生要修满 40 学分才能毕业。

〈60〉甲:李芳可以毕业吗?

　　乙:她已经得到 41 学分了。

〈41,40〉:A(41)⊢A(40),表示李芳可以毕业。

规则②,A(W)⊢∼A(S):从 W 推导 S 的情况,例如:

〈61〉妈妈:暑假作业做完了吗?

　　小华:算术作业做完了。

做完暑假作业＝做完算术暑假作业＋做完语文暑假作业＋…＋…。因此,从⟨S,W⟩来分析,应是⟨做完暑假作业,做完算术(暑假)作业⟩:A(做完算术(暑假)作业) ⊦ ～A(做完暑假作业)。

规则③,A(W) ⊦ ～A(X):从 W 看 X 的情况,例如:

⟨62⟩ 甲:林峰和小芳谈恋爱有进展吗?
乙:小芳是喜欢林峰的。

⟨爱,喜欢⟩:A(喜欢) ⊦ ～A(对情侣恋慕的程度),这一推导表示他们的爱慕程度有得以进一步发展的可能。但如果按照规则③推导:A(喜欢) ⊦ ～A(爱),说小芳不爱林峰,这样推导就不准确了。

规则④,因情况复杂,暂且不论。

规则⑤,K[A(W)] ⊦ K[～A(S)]
　　　　　　　 ⊦ ～K[A(X)]

⟨63⟩ 甲:什么时候注册?
乙:肯定在 9 月。

询问注册日期,当然希望确切知道是哪一天,如 9 月 X 日。⟨9 月 X 日,9 月⟩:K[A(9 月)] ⊦ ～K[A(X 日)]。乙暗示知之不详,不要再追问了。这种情况当然不能用规则③推导:＊ A(9 月) ⊦ ～A(X 日)。

规则⑥,这条规则的三条次则都用于这样的句子的推导:句子有表示感知的动词,并有其宾语从句:

(i) K(P) ⊦ P;

⟨64⟩ 我知道张明是博士 ⊦ 张明是博士。

(ii) F(P) ⊦ ～K(P);

(iii) F(P) → ±P。

⟨65⟩ 我相信张明是博士 ⊦ 我不知道张明是不是博士
→ 张明也许是也许不是博士。

现在回过头来说明规则④。读者可能已发现,规则④和规则②有不同之处。这涉及列文森对量原则说明的一个不完备之处:他只提到 A(S)

⊢A(W),A(W)⊢K~(A(S))这一种可能性,而忽略了另一种可能性,规则④就是为了弥补这一方面的不足。这种可能性涉及上下义关系和某种部分-整体关系。

从上下义关系来说,下义词包括了上义词全部义素之外,还有表示自身特性的义素,所以语义-信息强度大于上义词:

上义词:child
/HUMAN+/,/ADULT−/
下义词:boy
/HUMAN+/,/ADULT−/,/MALE+/
　　　　girl
/HUMAN+/,/ADULT−/,/MALE−/

即〈S,W〉:〈下义词,上义词〉,如〈男孩,孩子〉。"新来的人是男孩"⊢"新来的人是个孩子",A(S)⊢A(W)当然是对的,但下面情况就不妥当:

规则②,A(W)⊢~A(S):
　*A(孩子)⊢~A(男孩)
规则③,A(W)⊢~A(X):
　*A(孩子)⊢~A(男性)
规则⑤,K[A(W)]⊢K[~A(S)]:
　*K[A(孩子)]⊢K[~A(男孩)]

正因为如上情况不妥,徐盛桓提出规则④:A(W)⊢~T[A(S)];A(W)→±A(S),即若句子用了上义词,表明说话人没有说明下义词对不对:可能对,也可能不对。

〈66〉记者:你发现的"雪人"是不是猿猴?
　　　探险家:可以肯定,这是一只我从前未见过的动物。

〈S,W〉:〈猿、猴,动物〉,A(动物)⊢~T[A(猿、猴)],A(动物)→±A(猿、猴),即探险家没有明确说出他见到的是不是猿猴,也许是也许不是。

从某种部分-整体关系来说,这"某种部分-整体关系"是指不把"整体"看作是由所有的部分不可缺少地构成的全部、全过程;这时整体固然包含了部分,但部分也可以代表整体。例如某人到过加州可以代表到过美国。但是,到过美国却不一定到过加州(可能到过,也可能没有到过)。因此:

    ⟨S,W⟩:⟨加州,美国⟩

    A(加州) ⊢ A(美国),但:

    A(美国) ⊢ ∼T[A(加州)]

这种情况正如上面谈到的上下义关系的情况一样,可以用规则④推导。例如:

  ⟨67⟩ 甲:张健说他送给女友的皮鞋是在意大利买的。
       乙:他们在欧洲总共才待了一天。

到过欧洲是不是就到过意大利,这可不一定。不过从全句话来看,乙显然怀疑张健所说的话的可靠性。

  C. 信息原则推导的实施规则

设语句所谈及的对象或事件可能形成如下关系:$\{R_1, R_2, \cdots R_n\}$,若从跟实情或常规的贴近程度来说,$R_1 > R_2 > \cdots > R_n$,则 R_1 优先成为扩展说话人话语信息内容最贴切的因素,推导出说话人的语义意图。

对于常规(关系)可以这样来规定:对象或事件

(i) 所形成的共轭关系优先贴近常规关系;

(ii) 所形成的预设关系或蕴涵关系被视为常规关系是不言而喻的;

(iii) 现实关系的认定优先于常规关系的认定。

下面,对这一实施规则作出说明:

列文森的信息原则认为,在人们的记忆储存里,有若干不言而喻的"常规关系"。正因为是不言而喻的,所以在话语中就不点自明,说话人就可以"尽量少说",听话人则以此为依据来"扩展说话人话语的信息内容"。

常规关系可以从句子所谈及的对象或事件所形成的共轭关系和蕴涵或预设关系来判断。

共轭关系用于对象。它们所形成的关系由关系轴联结起来,就像共处一个轭似的,例如:上义—下义、整体—部分,就是分处于关系轴两端的。人在社会中跟人或事物结成的关系,也分处一种关系轴的两端:夫—妻、教师—学生、汽车—司机,等等。

蕴涵和预设关系用于事物。通俗地说,句子陈述了甲事件,就必然导致乙事件的存在或发生,就是甲蕴涵了乙,或者说乙是甲的蕴涵。句子陈述的丙事件,以丁事件为其预先设定的条件,则丙是以丁为预设的,或丁是丙的预设。

〈68〉我上了一辆公共汽车$_1$,走了不久,迎面又来了一辆(公共汽车$_2$)。只见乘务员$_1$立即叫司机$_1$把车$_1$开到岔路上去。

共轭关系1:我(乘客)—公共汽车$_1$
共轭关系2:公共汽车$_1$—乘务员$_1$
共轭关系3:乘务员$_1$—司机$_1$
共轭关系4:司机$_1$—车$_1$

由这些共轭关系作为常规关系,"乘务员"和"司机"应该理解为句子一开头提到的"我"所乘坐的那辆"公共汽车"的乘务员和司机;把"车"开到岔路上的"车",也应该是司机$_1$开的车,即"我"乘坐的车。如果乘务员指"车$_2$"的乘务员,一般应该用较为"冗长"的说法:"那辆车的乘务员"。这一改变,立即使下文也产生共轭效应:"……那辆车$_2$的乘务员$_2$立即叫司机$_2$把车$_2$开到岔路上去",而不必啰唆地说成"……那辆车的司机把那辆车开到……"。

常规关系有时体现为蕴涵或预设的关系,例如:

〈69〉小华:小张说他送给我的耳环是在巴塞罗那博览会上买的。
小丽:他这次只拿到去新加坡的签证。

到过巴塞罗那⊢到过西班牙⊢拿到进入西班牙的签证,这些都可视为常规。据此,说话人就可以省掉这些啰唆的说法:小张只拿到去新加坡的签证,而没有拿到去其他地方例如去西班牙的签证;他没拿到去西班牙的签证就无法进入西班牙;无法进入西班牙就到不了巴塞罗那;到不了巴塞罗那就不可能从巴塞罗那博览会上买耳环。至于现实关系,请看:

〈70〉(裙子的)拉链坏了,小兰只好再买一条裙子。

〈70〉中"裙子"和"拉链"不可能是常规关系(坏了的"拉链"不是再买的那条裙子的拉链),而是现实关系。依据实施规则(iii),应认定这种现实关系。

4.3 得体原则

新格赖斯会话含义理论,即列文森的"三原则",尤其是"量原则"和"信息原则"所涉及的因素要比格赖斯"合作原则"的"量"、"质"、"关系"、"方式"四个准则所涉及的因素具体、确定,增强了"合作原则"的解释力(不仅能解释非规约性含义,也能解释规约性含义)。徐盛桓构建的语用推理机制使语用含义推理得以程序化。我们认为,解释力增强是新格赖斯会话含义理论的明显优点,但抽象化、程序化色彩浓重,从描写语用学的角度来看,却是新格赖斯会话含义理论的缺点,因为交际者大众难以熟练掌握,会导致其实用价值降低。

我们和列文森一样,认定应该接受格赖斯提出的"合作原则",并认为这个原则是有缺陷的,需要补救和进一步完善。但如何去补救和完善"合作原则"的思路跟列文森不同。我们认为,人们的言语交际在保留"合作原则"之外,还需要提出一个新原则:得体原则。

4.3.1 为什么要提出得体原则?

我们认为,格赖斯提出的"会话含义理论"完成了从"意义"到"含义"(implicature)的过渡,把"会话含义"确定为语用学的核心研究内容,这对语用学这门语言学的新学科的建立和进一步发展作出了重要贡献。但是也必须指出,格赖斯的"会话含义理论"尚欠完备,需要补充和进一步完善。

格赖斯提出的"合作原则"及其四条准则,在言语交际中,无疑是很重要的,它不能被取消,而应该被接受。但接受它,不等于承认它完美无缺,它实际上是有缺陷的,因为在人们的言语交际中,只凭"合作原则"并不能完满地解释交际中出现的各种复杂现象。例如:人们为什么有时遵守"合作原则"及其四条准则,以直截了当的方式说话,有时却故意违反"合作原则"的这一个或那一个准则,去产生"会话含义",以拐弯抹角的方式说话?我们认为,若想给这些问题找到科学、合理的解释,就需要提出一个新原则,即"得体原则"。这个原则,既能科学、合理地解释"合作原则"难以解释或无力解释的一些重要问题,又比新格赖斯会话含义理论便于交际者大众熟练掌握和运用。我们把适合不同语境的需要,采用拐弯抹角(间接)的交际方式,取得最佳交际效果叫作"得体"。例如,医生和病人谈话:医生怀疑某人得了癌症。在这种特定的语境下,医生和病人的谈话可以有多种表达方式,表达方式不同,话语就有了得体与不得体之分:

方式之一:
医生:李先生,我怀疑你患了癌症。
方式之二:
医生:李先生,你的 X 光片上有个黑影,显然是个肿瘤,我想,很可能是良性的,但也不敢完全排除是恶性的。所以,我建议你去找专科医生看看,作进一步的检查。

方式一跟方式二相对比,显然是方式二得体:医生认为病人得了癌症,但拐弯抹角地表达,不直说,其交际效果最佳。病人听到"很可能是良性的",就不会惊恐,但为自己的健康着想,愿意找专科医生进一步检查;确诊不是癌症,自然高兴,确诊是癌症,也可及时得到治疗。

我们认为,"得体原则"与"合作原则"的关系是:分工合作,相互补益。"合作原则"及其四条准则适用于直截了当的言语交际(适量、质真、相关,清楚明白,有话直说,达到最佳交际效果);"得体原则"及其有关准则适用于拐弯抹角的言语交际(适合特定语境,有话曲说,达到最佳交际效果)。一旦有了"得体原则",解释"会话含义"就不必再烦琐地去考虑是违反了"合作原则"的哪一条准则了,因为我们可以运用"得体原则"及其相关的准则和次准则作出合理的解释。这样,"合作原则"和"得体原则"两个原则结合起来,协调运作,就完全能保证人们的言语交际正常地、顺利地、效果最佳地进行。

4.3.2 得体原则的三个准则及其相关的次准则

"得体原则"有三个准则:礼貌准则、幽默准则、克制准则。

4.3.2.1 礼貌准则

在言语交际中,交际者总希望得到对方的尊重。为了尊重对方,说话人需适应语境采取一些恰当的交际策略以示礼貌,从而求得最佳交际效果。

我们说的"礼貌准则"跟利奇的"礼貌原则"紧密相关。

首先应该说明:"礼貌原则"(politeness principle),利奇在他的《语用学原则》中是把它作为"合作原则"的"援救"原则提出来的。利奇说:"礼貌原则不能被视为添加到合作原则上去的另一个原则。而是为援救合作原则解决一系列麻烦的一种必要的补充。"(Leech,1983:80)

我们认为,利奇提出的"礼貌原则"是很重要的,它确实能帮助"合作原则"解决不少麻烦。但是,"礼貌"(politeness)作为援救"合作原则"的一个原则,其涵盖力较弱,覆盖面欠广,因为在"礼貌原则"之外,还必须有其他一些原则,如"反话原则"、"开心逗笑原则"等从不同的方面去援救"合作原则"。这样一来,就失之于"援救"原则太多。我们认为,提出的原则的数目要尽量少,原则的涵盖力要尽量大。因此,应该寻找一个涵盖力强覆盖面大,能包容"礼貌原则"以及其他一些起援救"合作原则"作用的小原则的高层次的具有普遍性的原则,这个原则就是"得体原则"。依据这一思路,利奇的"礼貌原则"就得屈尊降格为我们提出的"得体原则"中的一个准则,称之为"礼貌准则",当然,它是"得体原则"中的一个重要准则。

"礼貌"是有明显的民族性的:这个民族认为是"礼貌的",另一个民族也许认为是"不礼貌的";这个民族认为是"不礼貌的",另一个民族也许认为是"礼貌的"。但是,不论东方文化还是西方文化,每个民族都是提倡礼貌、重视礼貌的,这是共性。

4.3.2.1.1 利奇提出的"礼貌原则"的各条准则

利奇提出的"礼貌原则"包括六条准则(Leech,1983:132):

(1) 得体准则(Tact Maxim)(在强制和承诺中):

(a) 最小限度地使别人受损;

(b) 最大限度地使别人得益。

(2) 宽宏准则(Generosity Maxim)(在强制和承诺中):

(a) 最小限度地使自己得益;

(b) 最大限度地使自己受损。

(3) 赞誉准则(Approbation Maxim)(在表态和断言中):

(a) 最小限度地贬低别人;

(b) 最大限度地赞誉别人。

(4) 谦虚准则(Modesty Maxim)(在表态和断言中):

(a) 最小限度地赞誉自己;

(b) 最大限度地贬低自己。

(5) 一致准则(Agreement Maxim)(在断言中):

(a) 使对话双方的分歧减至最小限度;

(b) 使对话双方的一致增至最大限度。

(6) 同情准则(Sympathy Maxim)(在断言中):

(a) 使对话双方的反感减至最小限度;

(b) 使对话双方的同情增至最大限度。

利奇指出:上述六条准则中,前四条准则是双向性的:准则(1)和准则(2)分别关注未来行为对人对己的损—益;准则(3)和准则(4)分别关注说话人对人对己传递的某种或好或坏评价的程度。后两条准则是单向性的:一致,同情。并明确指出:这六条准则及其相关次准则的重要性是不同的。还指出:礼貌关注的重点是他人而不是自己,消极的礼貌(避免不一致)比积极的礼貌(寻求一致)更为最要。

我们认为,利奇提出的"礼貌原则"的各条准则有的内容需作必要的修正和调整:利奇的"得体准则"应该重新定义、定位,把"得体"提升为高于并包容"礼貌原则"(利奇的说法)的一个名副其实的能与"合作原则"相补益的高层次的原则,即"得体原则"。我们之所以不同意利奇把"得体"视为"礼貌原则"的六条准则之一,是因为从言语交际的根本目的来看,话语得体不是为了礼貌,而是它能取得最佳交际效果,并且"得体"比"礼貌"的覆盖面大。现在,我们来考察一下英语中 tact(得体)的释义。

《牛津英语词典》(*The Oxford English Dictionary*)对 tact 的释义为:"合适地、恰当地跟别人打交道,避免冒犯,或赢得善意的快悦和微妙的感觉;跟人们交往或协调艰难的局势或微妙的情境的技巧或判断力;在适当的时间说适当的话或做适当的事的本领"(第二版第17卷第533页)。

从《牛津英语词典》的权威性解释,我们可以清楚地看到,tact 至少包括以下几方面内容:①交际对象:别人(others);②交际方式:说或做(saying or doing);③交际情境(situations);④交际的礼貌准则:避免冒犯(avoid offence);⑤交际效果:快悦和微妙的感觉(ready and delicate sense)。由此可见,"得体"(tact)比"礼貌"的涵盖力强,覆盖面也广得多。

4.3.2.1.2 依据汉语运用的实际研讨"礼貌准则"的有关次准则

我们认为,利奇提出的赞誉准则、谦虚准则、一致准则、同情准则、宽宏准则运用于汉语基本上是合适的。但按照我们构建的"礼貌准则"框架,要把利奇的"准则"降级为"次准则"。此外,汉语交际中还应加上一个"恰当的称呼次准则"。这些次准则运用于言语交际都是合乎礼貌的,在不同语境下,采用这些策略方式说话,能达到最佳交际效果。

(1) 赞誉次准则:有点过分但不太过分的赞誉,是一种礼貌。

① 因听话人为说话人办了有益的事,说话人赞誉听话人,例如:

〈71〉方鸿渐说:"老赵,你了不起!真有民主精神,将来准做大总统。"

——钱钟书《围城》

这句话是方鸿渐赞誉赵辛楣,因为他提出了旅途安排的合情合理的好设想。

② 因崇敬听话人,说话人赞誉听话人,例如:

〈72〉你是我心中的英雄,梦中的白马王子。

这是处于爱河中的女郎赞美意中人。

(2) 谦虚次准则:有点过分但不太过分的谦虚,是一种礼貌。

① 自我谦虚,以此赞誉听话人,例如:

〈73〉破风筝　……王先生,我居然也有了稿费,太阳由西边出来的事!我得分给你一半!要不是你给我修改,就能登出去,才怪!

　　　　王　力　这不是请我吃饭了吗?就不分稿费啦!

>　　破风筝　哼,今儿的饭,跟我的稿子差不多,光是豆腐青菜,找
>　　　　　　不到几块肉!……
>
> ——老舍《方珍珠》

破风筝(唱鼓书的艺人)自我谦虚,以此赞誉热心帮助民间艺人的年轻文艺作家王力。

②　受到别人的赞美,听话人自我谦虚,例如:

〈74〉(鸣凤对觉慧说)"你不晓得我看见你我多高兴。……你不晓得我多尊敬你!……有时候你真像天上的月亮……我晓得我的手是挨不到的。"

　　　(觉慧说)"不要这样说,我不过是一个平常的人,跟你一样的人。"

——巴金《家》

(3)一致次准则:减少分歧或对立,力求一致,至少达到部分一致。

〈75〉(觉慧)坚决地说:"不,我一定要走!我偏偏要跟他们作对,让他们知道我是一个什么样的人。我要做一个旧礼教的叛徒。"

……

　　　觉新抬起头痴痴地望着觉慧,……他用平日少有的坚决的语调说:"我说过要帮忙你,我现在一定帮忙你。……你不是说过有人借路费给你吗?我也可以给你筹路费,多预备点钱也好。以后的事到了下面再说。你走了,我看也不会有大问题。"

　　　"真的?你肯帮忙我?"觉慧走到觉新面前抓着哥哥的膀子,惊喜地大声问道。

——巴金《家》

由于觉新在高府大家庭中所处的特殊地位,他对弟弟觉慧背叛旧礼教,离家出走的言论和行动的坚定支持是有个曲折过程的。一件件严酷的事实教训了他,他终于坚定支持觉慧离家去上海。

(4) 同情次准则:减少反感,增进谅解,加深情谊。

① 说话人同情听话人,例如:

〈76〉"鸣凤,真苦了你了。在你这样的年纪你应该进学堂读书。像你这样聪明,一定比琴小姐读得好。"

——巴金《家》

这段话是觉慧对丫环鸣凤说的。鸣凤年纪轻轻,在高府受了许多苦,又深深地爱着少爷觉慧。觉慧真诚地同情她。

② 交谈对方互相同情,例如:

〈77〉"梅,我负了你。……我后来知道这几年你受够了苦,都是我带给你的。想到这一层,我怎么能够放下这颗心?"

"我有我的母亲,你有大表嫂。大表嫂又是那么好,连我也喜欢她。我不愿意给你唤起往事。我自己倒不要紧,我这一生已经完了。不过我不愿使你痛苦,也不愿使她痛苦。"

——巴金《家》

这是大表哥觉新和梅小姐互相同情的两段话。

(5) 宽宏次准则:得理让人,给别人留面子,例如:

〈78〉方珍珠 孟先生!从前你欺负过我的父亲,帮助过妈妈往外卖我,你也说过:共产党一到,我们就玩完。我要是爱记仇的话,我满可以去告你,告你陷害我!可是,我看您这么大岁数了,不愿那么办。……

——老舍《方珍珠》

这是女艺人方珍珠在北京解放后不久对孟小樵(善写才子佳人式鼓词,专吃艺人,勾结反动势力欺压艺人,且惯于看风使舵的老手)说的一段宽宏大量、得理让人的话。

(6) 恰当的称呼次准则:

称呼语代表人与人之间的一种社会关系。视尊卑、长幼、亲疏之不同,在交际中对听话人使用恰当的称呼也是一种礼貌。这条次准则的价值体现在"恰当"上,只有"恰当的"称呼才有资格算作一种礼貌次准则。

例如:

〈79〉"触犯了国家法律的年轻的朋友们!"

使用这个称呼的语境是:曲啸同志于1983年应邀到某地向犯人作报告,遇到的第一个问题就是如何称呼他们。他想:"叫'同志'吧,不行,因为对方不够资格;叫'罪犯'吧,也不行,因为犯罪之人讨厌'罪犯'这个词。"经过仔细推敲,他最终选择了"触犯了国家法律的年轻的朋友们"这个恰当的称呼。这一称呼之所以是"恰当的",是因为它既符合特定听众的身份(罪犯)和心态(不愿被别人称为"罪犯"),又反映出报告人对他们的期望(改恶从善,重新做人)和善意,从而缩短了交际双方的距离,深深地感动了特定的听众们。

〈80〉李石清　经理,您放心,我总是尽我的全力为您做事。

——曹禺《日出》

这是大丰银行秘书李石清对大丰银行经理潘月亭说的一段话,当李石清任银行小职员、秘书时,对潘月亭总是称"经理"称"您"。这样的称呼使潘月亭高兴。

恰当的称呼是一种礼貌,使听话人高兴,能产生最佳交际效果。相反,不恰当的称呼,则会引起听话人的强烈不满,对交际效果产生严重的负面影响。例如:

〈81〉李石清　我提议,月亭,这次行里这点公债现在我们是绝对不卖了。我告诉你,这个行市还要大涨特涨,不会涨到这一点就完事。并且我现在劝你,月亭,我们最好明天看情形下再补进,明天的行市还可以买,还是吃不了亏。

——曹禺《日出》

这是刚刚升任大丰银行襄理的李石清对大丰银行经理潘月亭说的一段话。当李石清升任襄理后就张狂起来,对潘经理直呼其名"月亭",也把"您"改为"你"了。这样的称呼显然是不恰当、不礼貌的,使潘经理极为恼火,解除了李石清的襄理职务(当然还有其他原因)。潘对李说:"你以后没事可以常到这儿来玩玩,以后你爱称呼我什么就称呼我什么,你叫我月亭也可以;称兄道弟,跟我'你呀我呀'地说话也可以;现在我们是平等了!"

4.3.2.1.3 礼貌准则的特征

礼貌准则有以下三个特征:

(1) 级别性(gradations)

在言语交际中,必须注意:礼貌准则具有不同礼貌级别这一特征。

(a) 依据使他人得益,使自己受损的不同程度区分礼貌级别

礼貌级别是个连续统(continuum)。从利奇提出的"损-益尺度"(cost-benefit scale)来看,这个连续统表现为依据使他人得益或使自己受损的不同程度而形成不同的礼貌级别。例如,同为祈使句语言手段,听话人的损-益程度不同,礼貌级别也随之不同(Leech,1983:107):

① Peel these potatoes.
② Hand me the newspaper.
③ Sit down.
④ Look at that.
⑤ Enjoy your holiday.
⑥ Have another sandwich.

这里,①、②说话人得益,听话人受损,因此最欠礼貌。③—⑥说话人不同程度地受损,听话人不同程度地得益,所以话语的礼貌级别也不同。听话人越得益,表示说话人说出的话越礼貌。

(b) 依据不同的语言手段区分礼貌级别

礼貌级别是个连续统。从"直接表达方式-间接表达方式的尺度"(direct-indirect scale)来看,"以言行事",用直接方式表达的话语礼貌程度差;用间接方式表达的话语更有礼貌(因为这使听话人有选择的余地;话语的语力(force)减弱,更带有试验性倾向)。例如(Leech,1983:108):

① Answer the phone.
② I want you to answer the phone.
③ Will you answer the phone?
④ Can you answer the phone?

⑤ Would you mind answering the phone?

⑥ Could you possibly answer the phone?

(2) 冲突性(conflicts)

"冲突性"指礼貌准则中的某些次准则在同一话语中可能发生冲突,例如:

〈82〉英国女教师 X：Oh, What beautiful handwriting!
（喵,书法真棒!）

中国女学生 Y：No, no, not al all. You are joking.
（哪里,哪里,您是开玩笑。）

X 遵守礼貌准则的"赞誉次准则",同时遵守合作原则中的"质准则",赞誉 Y 的书法棒。但 Y 依据礼貌准则中的"谦虚次准则",有意违反合作原则中的"质准则",从而产生了"谦虚次准则"与"一致次准则"的冲突,结果造成 Y 不能跟 X 保持一致。

利奇把礼貌准则中的某些次准则在同一话语中可能发生冲突的现象叫作"礼貌的语用悖论"(pragmatic paradoxes of politeness)。他举了这样一个例子(Leech,1983:110-111):

〈83〉Let me carry those cases for you.

我们假定 X 和 Y 是对话的参与者。A 是 X 希望为 Y 所完成的一个有礼貌的行为。于是,X 说了这样的话:Let me carry those cases for you(让我来为您搬这些箱子吧)。如果 X 和 Y 都恪守礼貌准则,那么:

(i) X 提出一个建议:

① X 遵守礼貌准则;

② A(行为)对 Y 有益;

因此,

③ X 所说话语的礼貌含义是:"X 希望行为 A 实现"。

(ii) Y 拒绝 X 提出的建议:

④ Y 遵守礼貌准则;

⑤ A(行为)对 X 无益;

因此,

⑥ Y 所说的话语的礼貌含义是:"Y 不希望行为 A 实现"。

我们把③和⑥这两个含义叫作"语用悖论":对话参与者不相容态度的一种属性。对话的参与者都遵守礼貌准则从而导致了某种冲突。

(3) 适合性(appropriateness)

运用礼貌准则时一定要依据语境的要求选用礼貌级别。

(a) 依据不同的交际内容选用恰当的礼貌方式。

如果向听话人提出正式的要求,请求给予帮助,说话人就必须注意选用高级或较高级礼貌级别的语言手段。例如,说话人用间接方式(不用命令式而用询问方式)请求听话人帮助找住处:

⟨84⟩ Is there any chance you can help me to find a place to stay?
 (您有可能帮我找个临时住所吗?)

又如汉语的:

⟨85⟩ 小姐,帮我借一本有趣的长篇小说看看好吗?

(b) 依据不同的交际对象选用恰当的礼貌方式:要注意听话人的身份、亲疏关系。例如:

⟨86⟩ Mind if I smoke?
 (如果我吸烟,你不介意吧?)

⟨87⟩ 小李,认真读读这篇文章好吗?

⟨86⟩、⟨87⟩适用于上级对下级的关系或双方平等的关系。

⟨88⟩ Excuse me, sir, would it be all right if I smoke?
 (对不起,先生,我吸烟大概可以吧?)

⟨89⟩ 老师!给我这篇文章提提修改意见好吗?

⟨88⟩、⟨89⟩适用于下级对上级的关系或双方不平等的关系。

(c) 依据不同的交际场合选用恰当的礼貌方式:要注意区分正式和非

正式场合。

以介绍与他人见面为例:

正式场合:

〈90〉Allow me to introduce Dr. Smith.
（请允许我介绍史密斯博士。）

非正式场合:

〈91〉Come and meet my friend Jack.
（来,见见我的朋友杰克。）

总之,在言语交际中,充分了解并关注礼貌准则的级别性、冲突性和适合性等特征,才能使说出的话语合乎礼貌,达到最佳交际效果。

4.3.2.2 幽默准则

前面我们说过,礼貌准则是使话语得体的重要准则,因为符合礼貌准则的话语能适合特定语境,达到最佳交际效果,当然是得体的。但是,得体的话语并不都是礼貌的。例如幽默话语,对听话人来说就不一定礼貌,有的甚至很不礼貌（如对恶意的挑衅进行幽默的反击,就是以不礼貌回敬不礼貌）,但不能说它不得体,因为适合特定环境,幽默话语的交际效果最佳。正因为如此,在礼貌准则之外,我们再提出一个幽默准则。

在言语交际中,幽默是一种引人发笑的语言艺术。在汉语中,诙谐、戏谑、风趣、滑稽等都引人发笑,但它们只跟幽默相似而并不相同。幽默的品位较高。幽默外谐内庄,以"奇"、"巧"、"谐"取胜。它引人发笑,但不庸俗,不轻浮;它言语含蓄,话里含哲理,存机智,展示出说话人的思想、学识、经验、智慧的风采。

请注意:我们不是泛泛地论述幽默,而是在人们言语交际中的得体原则之下把幽默作为一个准则来探讨。

4.3.2.2.1 如何创造幽默和理解（或感悟）幽默

幽默能力人人都有,但幽默能力的大小、强弱各不相同。一般地说,只要话切语境,表述"奇"、"巧",有谐趣性,就可以创造出幽默话语来。

说话人创造幽默,听话人理解（或感悟）幽默,皆可运用相同的方法和手段。

(1) 运用汉语修辞学的一些修辞格创造幽默话语和理解幽默话语

① 比喻

比喻由本体(被比喻的事物)、喻体(用来作比喻的事物)、比喻词(联结本体和喻体标明比喻关系的词)三部分构成。

但是,比喻并非都幽默,必须使事物自身原有的缺陷、丑陋更加丑化,或使原本崇高、美好的事物凸显鄙俗,从而造成强烈的不协调性,才能产生幽默情趣,例如:

〈92〉我吃了一吓,赶忙抬起头,却见一个凸颧骨,薄嘴唇,五十岁上下的女人站在我面前,两手搭在髀间,没有系裙,张着两脚,正像一个画图仪器里细脚伶仃的圆规。

——鲁迅《故乡》

这段话里提到的"五十岁上下的女人",是鲁迅先生故乡绍兴老屋的邻居,开豆腐店的,年轻时人称"豆腐西施"。五十岁上下的年纪了,她形体原本就有许多缺陷:凸颧骨,薄嘴唇,又加上两手搭在髀间,没有系裙,张着两脚这样极不雅观的立姿,作者把她比喻为"一个画图仪器里细脚伶仃的圆规",使她的形象更加丑陋,幽默情趣油然而生。

〈93〉痘出过了,我们就把出痘这一回事忘了;留过学的人也应说把留学这回事忘了。像曹元朗那种人念念不忘是留学生,到处挂着牛津剑桥的幌子,就像甘心出天花变成麻子,还得意自己的脸像好文章加了密圈呢。

——钱钟书《围城》

这段话里提到的曹元朗是在英国剑桥大学学文学的归国留学生,是一位新诗人。留过学并获得博、硕士学位的人,原本是高贵的,受人尊敬的,因为他们知识渊博,有文化教养。但曹元朗这类留学生"到处挂着牛津剑桥的幌子",自我炫耀,实在令人生厌。方鸿渐在与唐小姐的交谈中把他这类"念念不忘是留学生"的人比喻为"出天花变成麻子,还得意自己的脸像好文章加了密圈",使他的人格形象凸显鄙俗,幽默情趣顿生。

〈94〉韩学愈得到鸿渐停聘的消息,拉了白俄太太在家里跳跃得像青蛙和虼蚤，从此他的隐事不会被个中人揭破了。

——钱钟书《围城》

这段话里提到的韩学愈，他买了克莱登大学的假博士文凭，骗取三闾大学校长高松年的信任，被聘为教授和历史系主任。方鸿渐知晓他的底细。韩学愈的洋太太是位红头发，满脸雀斑，相貌丑陋的白俄妇女，但她硬说自己是美国人，想方设法谋求三闾大学外语系英语教授一职。得知教英语的方鸿渐停聘的消息，韩学愈和他的洋太太自然兴奋异常，因为方鸿渐停聘，使韩学愈的"隐事"从此"不会被个中人揭破了"，白俄洋太太教英语的美梦也有了变为现实的机会。

作者把韩学愈和他的洋太太得知方鸿渐停聘消息时的激动心情和狂放举止比喻为"跳跃得像青蛙和虼蚤"，使他们的人格形象更加卑下、丑陋，幽默情趣跃动激荡。

② 夸张

夸张就是对事物进行言过其实的故意夸大或缩小。

但是，夸张并非都幽默，要使夸张产生幽默情趣，必须让过头话或夸张的话语中包含某些不合情理的东西，从而形成喜剧效果，例如：

〈95〉乙　我这个人"才华出众"。
　　　甲　……我这个人是"智慧过人"。
　　　乙　……我是"多才多艺"。
　　　甲　……我是"祖国花朵"。
　　　乙　……我"出类拔萃"。
　　　甲　我"登峰造极"。

——马季《成语新篇》

两位说相声的人自我夸耀，言过其实，令人发笑。

〈96〉甲　你那相声说的是"语无伦次"，"杂乱无章"！
　　　乙　你呢，"甜言蜜语"，"空洞无物"。
　　　甲　你的表演"矫揉造作"，"哗众取宠"。
　　　乙　你是"油腔滑调"，"不堪入耳"。

——马季《成语新篇》

两位说相声的人互相贬损,互不相让,令人发笑。

〈97〉阿凡提……说道:"我参加的那个战役才叫精彩呢。那天,我第一个冲进敌群,嚓嚓嚓,把所有敌人的腿给砍掉了。"

"喂,你为什么不砍掉他们的脑袋,而砍掉他们的腿呢?"有人问道。

"这是不可能的,"阿凡提……说,"你们要知道,在我之前已经有人把他们的头统统砍掉了。"

——《阿凡提的故事》

阿凡提与听众的这席对话,显然有夸大:"我第一个冲进敌群,嚓嚓嚓,把所有敌人的腿给砍掉了",但这夸大颇为幽默。因为他砍掉的不是敌人的头,而是敌人的腿。人们知道,致人死命应该是砍头而不是砍腿。为什么去砍敌人的腿呢?等阿凡提抖出"在我之前已经有人把他们的头统统砍掉了"的谜底之后,听众一定会笑出声来:哈哈!阿凡提你算什么英雄好汉,是别人先把敌人的头砍掉了,你才去砍掉已经死了的敌人的腿!

③ 双关

双关是利用词语的多义和同音现象,故意使话语具有双重意义,以达到"言"在此而"意"在彼的效果,造成幽默情趣。

双关分为借义双关和谐音双关两类。

借义双关如:

〈98〉"爸爸的鼻子又高又直,您的呢,又扁又平。"我望了他们半天才说。

"你不知道,"伯父摸了摸自己的鼻子,笑着说,"我小的时候,鼻子跟你爸爸的一样,也是又高又直的。"

"那怎么——"

"可是到了后来,碰了几次壁,把鼻子碰扁了。"

"碰壁?"我说,"您怎么会碰壁呢?是不是您走路不小心?"

"你想,四周黑洞洞的,还不容易碰壁吗?"

"哦!"我恍然大悟,"墙壁当然比鼻子硬得多,怪不得您把鼻子碰扁了。"

在座的人都哈哈大笑起来。

——周晔《我的伯父鲁迅先生》

这是一个"借义双关"的绝妙例子。鲁迅先生利用"碰壁"这个词的多义性来给小侄女周晔解释自己鼻子"又扁又平"的缘由。周晔当时还是个小孩儿,所以自以为"恍然大悟"——"墙壁当然比鼻子硬得多,怪不得您把鼻子碰扁了"。但"在座的人都哈哈大笑起来",因为他们认识到小周晔幼稚、纯真的心灵并未悟出鲁迅先生所说的"碰壁"的真意,即当时反动政府的黑暗残暴统治——"四周黑洞洞的"。只有悟出了这层意思,才能体味出鲁迅先生"碰壁"一语的幽默来。

谐音双关如:

〈99〉阮玲玉　张梦露找过我,开始我像五雷轰顶,后来想开了,文山,我不计较你的过去,……

唐文山　是的,是的,现在我们走到一起,如果我们彼此还是处男处女,这大概是一对白痴。我不仅是个绿茶商,还是大名鼎鼎的"花"茶商。

——锦云《阮玲玉》

这是一个"谐音双关"的好例子。以"花茶"之"花"谐音双关"寻花问柳"、"花花公子"之"花"。在锦云的多场次悲剧《阮玲玉》中,唐文山是个大茶商,人称"茶大王"。他在广东老家早已有了老婆,但他还是凭借茶庄的"钱"和"势"频寻新欢,先把女明星张梦露弄到手,不久甩了她,逼疯了她,又耍阴谋、设圈套死缠女明星阮玲玉,真可谓情场大名鼎鼎的"花男"。

④ 矛盾

矛盾是指人们对同一事物既肯定又否定,时而推崇时而贬损的矛盾心理和态度,它能形成幽默情趣,例如:

〈100〉甲　把他那份儿神像一烧!愣说他"上天言好事"去啦。

乙　上天去啦?

甲　还得等他"回宫降吉祥"。

乙　他还能回来?

甲　不买他可不能回来。

乙　买呀?

甲　买还不能说买,得说请。

乙　呕,请。

甲　可是不给钱人家不让拿。

乙　多新鲜哪!

甲　老太太把这份儿烧了以后,又到纸店买一份儿新的,很尊敬地抱着,碰见一个街坊小伙子,……谁见着老太太都要说句话儿。

乙　那当然啦。

甲　"大娘,出门儿啦!哈……买佛像啦。"这不是好话吗?

乙　是呀。

甲　老太太不愿意啦。

乙　怎么?

甲　"年轻人说话没规矩,这是佛像,能说买吗?这得说请。"

乙　啊!

甲　"呕,大娘,我不懂,您这佛像多少钱请的?""瞎,就他妈这么个玩艺儿要八千块(八角)!"

——侯宝林《一贯道》

这段相声中提到的老太太,对佛像是敬重、虔诚的。她批评年轻人"说话没规矩",郑重申明"这是佛像","这得说请"。可是等到年轻人已经改"买"为"请",问她"请"佛像花多少钱时,她却发出"就他妈这么个玩艺儿要八千块(八角)"这样大大不敬的牢骚来。这样,老太太对"佛像"的敬与不敬前后矛盾,令听众发笑。

〈101〉阿凡提在一群年轻人中间吹嘘道:"我年轻的时候是个了不起的骑手。一天,……看见一匹没驯服的马在狂奔,不让任何人接近它,头上没有笼套,背上也没有鞍子。我……一个箭步冲过去,抓住它的耳朵,右腿一跨,不偏不倚地骑在了野马的背上。……任它驰骋。……野马奔到一座万丈悬崖边,我夹紧鞍上的马镫,使劲一拉笼套,野马立刻刹住了脚步,……"

——《阿凡提的故事》

阿凡提在这段话语中,为了炫耀自己的骑术高超,说狂奔的野马"头上没有笼套,背上也没有鞍子"。而当狂奔的野马面临万丈悬崖时,又说"我夹紧鞍上的马镫,使劲一拉笼套",让马立刻刹住脚步。这样,阿凡提所说的话前后就呈现出明显矛盾,令听众相视而笑。

(2) 运用歇后语、成语创造幽默话语

① 歇后语

歇后语一般由"引语"和"说明语"两部分构成。引语说出之后,故意歇一歇,给听话人一个感悟的机会,然后用说明语解释引语的本义,从而引起听话人发笑,例如:

〈102〉甲　咱们哥俩啊,老没见了,小肚子上弦——弹弹(谈谈)心。
　　　　乙　好吧。

——侯宝林《菜单子》

小肚子上弦——弹弹(谈谈)心,是个歇后语。

〈103〉李渔　……嘿嘿,神有神道,鬼有鬼道,黄鼠狼钻水沟——各走一道!

——锦云《风月无边》

李渔听到他当年的恩师(崇祯八年在婺州的春及堂测试考童"五经"时,送李渔"五经童子"之美名)以地方长官的身份发出"左右三州五府十八县,大小码头,一律不许接纳李家班作场唱戏,违者严办!"的命令后,十分气愤,痛骂他是"满口仁义道德,一肚子男盗女娼",是横行的螃蟹。喊出:你走你的为官害民之道,我走我的唱戏娱民之道,人各有志,各走各道!语境适切,表述具有情趣性,话语幽默。

② 成语

成语是简洁精辟的定型的词组或短句。汉语的成语十分丰富、精彩,如果运用得当,可以妙趣横生,例如:

〈104〉乙　你们家在哪儿住?
　　　　甲　我家住在"倾国倾城"。
　　　　乙　吙!属哪个市管?

甲　属"门庭若市"。
乙　什么路？
甲　"原形毕露"。
乙　哪个区？
甲　"宁死不屈"。
乙　什么街？
甲　"老鼠过街"。
乙　门牌多少号？
甲　门牌"不三不四"。

——马季《成语新篇》

这段巧妙利用"成语"说出的关于某人家庭住址的相声非常幽默，使听众为相声艺人运用成语的奇妙本领而捧腹大笑。

（3）借助妙答、歪解、自嘲创造幽默话语

① 妙答

〈105〉"阿凡提，请你赶快回答这三位贵客提出的问题。"国王对阿凡提说。

阿凡提望了望这三位商人，说道："鄙人洗耳恭听，请贵客提问。"

第一位商人问道："阿凡提，地球的中心在哪儿啊？"

阿凡提不慌不忙地用手里的拐杖指着他那毛驴的右前腿说："就在我那毛驴的右前腿下！"

"你有什么证据？"那位商人又问。

"请您量一下，如果多一尺或者少一寸的话，由我来负责！"阿凡提说道。那商人听了只好无言可对。

"那么天上有多少颗星星？"第二个商人接着问道。

"我这头驴身上有多少根毛，天上就有多少颗星星。如果您不相信，就请您数一数，多了或是少了请您找我。"阿凡提回答说。

——《阿凡提的故事》

在这个故事中，三位邻国商人提出了三个难题，这里我们只选用了前两个。从对这两个难题的妙答足以看出阿凡提超群的智慧和高超的应对能力。第一位商人提出的问题难得出奇:"地球的中心在哪儿啊?"阿凡提的回答以难对难,妙得出奇:"就在我那毛驴的右前腿下",并声称"请您量一下,如果多一尺或者少一寸的话,由我来负责"。问话人有什么办法量出阿凡提的毛驴右前腿下的位置与地球中心(地球中心究竟在哪儿问话人也是不知道的)的距离究竟差多少呢?既然如此,又怎么能判定阿凡提的回答是不正确的呢?第二个商人提出的问题依然难得出奇:"天上有多少颗星星?"阿凡提的回答还是以难对难,妙得出奇:"我这头驴身上有多少根毛,天上就有多少颗星星。如果您不相信,就请您数一数,多了或者少了请您找我。"问话人有什么本领数清阿凡提的毛驴身上究竟有多少根毛呢?既然如此,又怎么能判定阿凡提的回答是错误的呢?

⟨106⟩ 马先生　我睡在哪呢?
　　　　孟先生　棺材里!

——老舍《火车上的威风》

马先生、孟先生、奚先生三人同乘一趟火车,在同一卧铺车厢。马先生是个蛮横无理的家伙,他竟强要把一口棺材放置在孟先生的铺位上,剥夺孟先生的乘车铺位权。当奚先生指出,马先生应该把棺材放置在马先生自己的铺位上时,马先生反而理直气壮地问:"我睡在哪呢?"于是孟先生的一句幽默妙答就脱口而出了:"棺材里!"

② 歪解

⟨107⟩ 甲　外国人花的钱也好,名字都好听。
　　　　乙　怎么好听?
　　　　甲　外国金币,金碧辉煌!
　　　　乙　美元。
　　　　甲　又美又圆。
　　　　乙　法郎。
　　　　甲　好的就像法国女郎。
　　　　乙　英镑。
　　　　甲　英国的最棒。

乙　什么乱七八糟的。

——马季《梦游纽士顿》

这个相声中,无知却又妄图显示自己知识渊博的甲,对美元、法郎、英镑等的歪解,令听众捧腹。

〈108〉杨太太　我愿越长越小,永远到不了四十! 怎么说来着? "四十而——"

杨先生　"不惑"!

杨太太　对了! 你想想吧,一个女人到四十要没有了诱惑的能力,还活个什么劲!

——老舍《残雾》

杨太太竟把"四十而不惑"歪解为"一个女人到四十""没有了诱惑的能力",令听众冷笑。

③ 自嘲

自嘲是一种上乘的幽默,国学大师启功的墓志铭是一个绝佳的例子:

〈109〉中学生,副教授。博不精,专不透。名虽扬,实不够。高不成,低不就。瘫趋左,派曾右。面微圆,皮欠厚。妻已亡,并无后。丧犹新,病照旧。六十六,非不寿。八宝山,渐相凑。计平生,谥曰陋。身与名,一起臭。

——引自 2010 年 4 月 4 日《北京晚报》18 版《为君碑歌:大师篇》

启功 1978 年 66 岁时自撰此墓志铭。2005 年 6 月去世后葬于北京西山脚下的万安公墓,此篇墓志铭镌刻在墓碑上。

从这篇墓志铭读者可感知启功"五味俱全"的一生,感受到他心胸的豁达,话语的幽默,令人发出酸楚的笑。

(4) 除前述运用某些修辞格、歇后语、成语、妙答、歪解、自嘲等手段创造幽默话语之外,其实,在言语交际中,只要适切语境,立意奇巧,表述谐趣,都能创造出幽默话语来。

在言语交际中,幽默是一种引人发笑的语言艺术。幽默的笑是多姿多彩的,略举数种与读者共赏:

(1) 甜蜜的笑

〈110〉热恋中的一对青年男女。

  男：我终于懂得了爱因斯坦的"相对论"。

  女：怎么弄懂的？说出来听听。

  男：我在公园等你时，时间变得特别长，而一见到你，时间又变得特别短了！

这里，男青年把等待女友时的焦急心情和见面后难舍难分的情感说得真切动人，并颇有哲学味，引发女友甜蜜的笑。

(2) 会心的笑

〈111〉一位沉浸在爱河中的中年数学家和女友在月下花间散步。

  女　友：我满脸雀斑，你真的不介意吗？

  数学家：我一生最喜欢跟小数点打交道。

这里，数学家没有直接回答是否介意女友脸上的"雀斑"，而是拐弯抹角地说"我一生最喜欢跟小数点打交道"。数学家把"雀斑"比作"小数点"，并声明"喜欢跟小数点打交道"，女友心领神会，发出会心的笑。

(3) 苦涩的笑

〈112〉某作家在某评论家的家里用餐，搬动桌子时无意中碰碎了主人家的一个珍贵花瓶。

  作　家：抱歉！抱歉！

  评论家：哈哈，这并不是什么憾事！把花瓶碎片收好，我有了赠送中国现代文学馆的礼物了——一位大作家亲手碰碎的大花瓶碎片。

这里，评论家宽宏的幽默话语，引发出某作家苦涩的笑。

(4) 凄婉的笑

〈113〉曾文清　（没有话说，凄凉地）这，这只鸽子还在家里。

  愫　方　（点头，沉痛地）嗯，因为它已经不会飞了！

  曾文清　（大恸，扑在沙发上）我为什么回来呀！我为什么回来呀！明明晓得绝不该回来的,我为什么又回来呀！
愫　方　（哀伤地）飞不动,就回来吧！

——曹禺《北京人》

在《北京人》中,曾文清是曾家老太爷曾皓的长子,深深地爱着表妹愫方。愫方长期寄住在姨父曾老太爷家服侍他,曾老太爷不想让她结婚,不想让她离开。愫方文弱娴雅,对表兄曾文清颇有爱慕之情。文清喜欢鸽子,愫方就借鸽子说事儿:鸽子"不会飞了",自然只能待在家里的笼子里。这正是愫方自身窘况和无奈心情的写照。文清年近四十,事业无成,外出混了一段时间,无奈而归,心情败坏。"飞不动,就回来吧！"这正是文清窘况的写照。愫方和文清的上述两段幽默对话,令人发出一种凄婉的笑。

（5）赞赏的笑

〈114〉袁　姨　我嫁你吧！要我吗？
　　　　铁笛子　要不起！我就赚一根笛子,还满身都是眼儿,漏气。

——锦云《风月无边》

袁姨是李渔戏班的成员,曾是李渔的情人,后来照管戏班的生活事务。铁笛子是李渔戏班的优秀笛子手。铁笛子劝袁姨嫁人,袁姨爽快地说:"我嫁你吧！要我吗？"铁笛子直接回答"要不起！"为什么？因为自己很穷,只赚一根笛子。话说到此处,尚无任何幽默可言。但当他说"还满身都是眼儿,漏气"时（如果笛子没有"眼儿""漏气"还能吹响吗？）,令人赞赏他的智慧和幽默应对的才能而发出赞赏的笑。

4.3.2.2.2　幽默的基本功能

幽默的运用是有一定范围的。幽默切忌调侃崇高。调侃人们心目中的伟人和崇高事物是不得人心的。幽默也切忌庸俗、低级趣味。庸俗、低级趣味是与社会主义精神文明背道而驰的。在人们的言语交际中,我们提倡文明、健康的幽默。

在上述前提下,幽默的基本功能是:

(1) 增添欢乐

〈115〉张大千在宴会上向梅兰芳敬酒时说:"梅先生,你是君子,我是小人,我先敬你一杯。"

梅兰芳不解其意,忙微笑着请求开导。

张大千笑道:"你是君子——动口,我是小人——动手。"

满座宾客大笑不止,梅先生更是乐不可支,端起酒杯,一饮而尽。

我们知道,这次宴会是抗日战争胜利后,在上海的一幢公寓房间里,由张大千先生的学生们和一些社会名流为国画大师张大千由上海迁回老家四川而举办的。抗日战争胜利,全国人民高兴万分;国画大师迁回故乡,可喜可贺;大师的幽默更给宴会增添了无限欢乐。中国有句俗话:"君子动口不动手"。张大千先生由此引发出唱戏者——京剧大师梅兰芳——动口是"君子",绘画者——国画大师张大千——动手是"小人"的精妙幽默,令"满座宾客大笑不止"。

(2) 拉近关系

〈116〉柔嘉……说:"你怎么也来了?"鸿渐道:"我怕你跟别人跑了,所以来监视你。"

——钱钟书《围城》

孙柔嘉和方鸿渐是一对年轻夫妻,在探访柔嘉姑母时,鸿渐受到姑母的"你以后不许欺负柔嘉"的意外警告。鸿渐极为气恼,转而把气撒到柔嘉的家人身上,并拒绝陪妻子去看电影。柔嘉赌气独自奔向电影院。鸿渐看着妻子行走在街上纤弱的身影,突发怜悯和保护之情,急忙去追赶她。鸿渐的一句幽默话语"我怕你跟别人跑了",使妻子转"恨"为笑,拉近了被伤害的夫妻关系。

(3) 消释误会

〈117〉鸿渐道:"……你信上叫我'同情兄',那是什么意思?"

辛楣笑道:"……同一个情人的该叫'同情'。"

鸿渐忍不住笑道:"这名字好妙。可惜你的同情者是曹元朗,不是我。"

辛楣道:"……咱们现是同病相怜,你失恋,我也失恋,……。难道你就不爱苏小姐?"

"我不爱她。我跟你同病,不是'同情'。"

"那么,谁甩了你?"

　　"唐小姐。"鸿渐垂首低声说。

——钱钟书《围城》

赵辛楣和方鸿渐两位归国留学生都认定对方深恋着苏小姐(留学法国,博士),因此,辛楣写信称方鸿渐为"同情兄"。后经当面交谈,才知鸿渐跟自己只是"同病"不是"同情"。"好妙"的幽默话语"同情兄"得到明晰解读,误会消释,二人从此成为好朋友。

(4) 缓解矛盾

〈118〉在餐厅里:
　　顾　客 X　服务员!我要的菜怎么还没有做好呀!
　　服务员 Y　你要了什么菜?
　　顾　客 X　炸蜗牛。
　　服务员 Y　噢,我去厨房看看,请稍等。
　　顾　客 X　还等!我已经等了半小时了!
　　服务员 Y　先生,这是因为蜗牛是一种行动迟缓的小动物哇。

我们很欣赏这位餐厅服务员,他(她)是一位幽默高手。一句幽默话语——"因为蜗牛是一种行动迟缓的小动物"——使顾客 X 转怒为笑,矛盾得到缓解。

(5) 消除隔阂

〈119〉1949 年 2 月,毛泽东主席在接见起义的傅作义将军时,用双手握着他的手说:"过去我们在战场上见面,清清楚楚,今天我们是姑舅亲戚,难舍难分。"

毛主席善于用幽默消除人际关系中的隔阂,拉近双方的距离。在解放战争期间,傅作义身为"华北剿总",与中国人民为敌,罪恶深重,是中国共产党的冤家对头;1949 年 1 月,他在北京宣布起义,使历史文化名城、古都北京得以和平解放,颇有功劳。傅作义得到毛主席的接见,自然有些尴尬。毛主席的幽默使傅作义将军意会到:共产党宽宏大量,既往不咎,他现在已经是共产党的亲戚、朋友了。于是,双方隔阂消除。

(6) 展现才智

〈120〉一天,阿凡提给国王送了一条大鱼,……

国王……问道:"阿凡提,你这条鱼是雌性的还是雄性的?"阿凡提……说道:"我这条鱼是一条阴阳鱼!"

——《阿凡提的故事》

阿凡提送给国王一条大鱼,国王很高兴,赏了他一枚金币,引起了丞相的不满。丞相出谋划策,教国王问阿凡提:"这条鱼是雌性的还是雄性的",如果阿凡提回答是"雌性的",国王就说要"雄性的",如果阿凡提回答是"雄性的",国王就说要"雌性的",这样,国王就可以不失脸面地收回那枚金币。阿凡提"我这条鱼是一条阴阳鱼"的幽默回答,使国王和丞相的图谋完全落空,展现出阿凡提的超群才智。

(7) 摆脱困境

〈121〉陈毅外长在一次记者招待会上。

西方某记者:"中国是用什么武器把美国的 U-2 型飞机击落的?"

陈外长:"是用竹竿捅下来的。"

在当时,用什么武器击落入侵我国的美国 U-2 型高空侦察机是国家机密。西方某记者的提问给陈外长出了个大难题。陈外长幽默地回答"是用竹竿捅下来的",既严格地保守了国家机密,又大大活跃了记者招待会的气氛,在一片笑声中摆脱了困境,这充分显示出陈外长高超的外交艺术。

〈122〉何惠华老师(原北京第八十中学语文教研组长,全国劳动模范,她的"情趣教学"享誉全国)一次应邀到外地讲学,当年逾花甲的她跨上大礼堂的讲台时脚下一滑跌了一跤,场内哗然。何老师站起来从容镇定地走上讲台,幽默地说:"看着你们一双双渴求知识的眼睛,我不禁为之倾倒。"——礼堂里爆发出热烈的掌声和笑声。

何老师遇窘境从容镇定,应变技巧令人叹服:把当众"跌了一跤"机智地转换成"为之倾倒"。妙语一出,听众一片欢笑,困境摆脱。

(8) 回敬挑衅

在寻衅者面前,息事宁人,往往被视为软弱可欺;暴跳如雷,又有失雅量和风度。幽默是回敬挑衅的上好手段,例如:

〈123〉作家 X 出版了一部小说,作家 Y 甚为妒忌。

　　Y:我很喜欢你这部小说,是谁替你写的?

　　X:我很高兴你喜欢这部小说,是谁替你读的?

这里,作家 Y 的话具有明显的挑衅性:讥讽作家 X 不会写小说。作家 X 回敬 Y:你连读小说也不会。

〈124〉一位自称机智人物的人士拿着一块白色土布找到阿凡提说:

　　"阿凡提,请你把这块布给我染成世界上没有的一种颜色。"

　　"好吧。"

　　"那我什么时候来取呢?"那个人问。

　　"请您在世界上没有的日子来取吧!"

——《阿凡提的故事》

这段话中的"机智人物"刁难阿凡提,强令他去做根本无法做到的事:把一块白色土布染成"不是红色,不是黑色,不是蓝色,不是黄色,也不是绿色,更不是紫色,反正是一种世界上没有的颜色",并问"什么时候来取"。阿凡提以"刁难"对"刁难",请他在"世界上没有的日子来取",以奇巧幽默来回敬挑衅,使挑衅者丢人现眼。

请注意:我们说的是"回敬挑衅","回敬"即后发制人:"人若犯我,我必犯人"。从这个意义上来说,幽默是自卫反击的有力武器。在礼貌准则、幽默准则之外,我们认为,还需要提出一个克制准则作为得体原则之下的第三个准则。

4.3.2.3 克制准则

在言语交际中,说话人由于种种原因(如不便直言或不愿直言或不能直言等)不直言不讳地训斥他人,而采用克制的方式表达对他人的不满或责备,以达到最佳交际效果。

克制,视语境不同,有程度上的差别。

(1) 讽刺挖苦

〈125〉林佩珊斜睨着范博文道:"博文! 我要送你一盒名片,印的头衔是:田园诗人兼侦探小说家! 好么?"

——茅盾《子夜》

送名片,通常是在与人交际时把印有自己姓名、职务等项内容的长方形硬纸片赠送给别人。而在这里,林佩珊却背离常规,声言替范博文印制一盒名片,并在原有头衔"田园诗人"之后加上"侦探小说家"的新头衔。一加上这个新头衔,话中就有"刺"了! 我们知道,在小说《子夜》中,林佩珊和范博文本是一对情投意合的恋人,但"好景"不长,由法国留学归来的"万能博士"杜新箨"插足"林范之间,且很快成为林佩珊新的意中人。林杜卿卿我我,形影不离,使多情善感的范博文颇为伤心,从而引发了一场侦探"林杜事态发展"的滑稽戏:范博文独坐大三元酒家二楼某室"侦听"隔壁房间林杜幽会之秘。此举动的意图为林佩珊的好友张素素悟出,她把隔壁的林佩珊拉过来与范博文见面。林佩珊对范博文说了上述一段话,既表达出林对范的追踪侦察行为的不满,但又有所克制,以不伤"故知情谊"。

〈126〉露 这屋子忽然酸得厉害。

——曹禺《日出》

陈白露(露)说"这屋子忽然酸得厉害",其意图并非陈述她所在的屋子空气污浊,"酸"得令人窒息,而是因为归国留学生张乔治对她说了一段话。张乔治对陈白露说他刚刚和妻子离了婚,现在特来向陈求婚,相信陈一定会嫁给他。他声言:"我现在在广东路有一所房子,大兴煤矿公司我也有些股票,在大丰银行还存着几万块钱现款,自然你现在还在衙门做事。将来只要我走运一点,三四千块钱一月的收入是一点也不费事的。并且,我在外国也很不坏,我是哲学博士,经济学士,政治硕士,还有……"。陈白露听了这段东拉西扯、自吹自擂的话,顿觉张乔治酸得厉害,但又不想太多地伤害他,故选用讽刺挖苦的话——"这屋子忽然酸得厉害"来回敬他。

(2) 指桑骂槐

〈127〉思　（讥诮地）对了,是我逼他老人家,（说说立起来）吃他老人家,喝他老人家,成天在他老人家家里吃闲饭,一住就是四年,还带着自己的姑爷——

——曹禺《北京人》

曾思懿（思）是曾府老太爷曾皓的长媳,她巧打如意算盘要把年迈多病的公公曾老太爷的上好寿木抵债赎回押给杜家（开纱厂的）的房子,致使曾老太爷伤心落泪。曾老太爷的女儿文彩义愤地指责思懿:"你,你逼得爹没有一点路可走了。"思懿于是来了个指桑骂槐:以"我"为桑行"骂槐"之实,骂常年寄住在曾家的文彩和他的丈夫江泰:真正逼得曾家无路可走的正是你们夫妻俩。

〈128〉吴荪甫对正看范博文新诗集的七弟阿萱说:"阿萱！想不到你来上海只有三天,就学成了'雅人'！但是浪漫的诗人要才子才配做,怕你还不行！"

——茅盾《子夜》

吴荪甫从阿萱手中接过范博文新诗集,随手一翻,几行新诗立即跳入他的视野:

　　不见了嫩绿裙腰诗意的苏堤,
　　只有甲虫样的汽车卷起一片黄尘；
　　布尔乔亚的恶俗的洋房,
　　到处点污了淡雅自然的西子！

吴荪甫对范博文这位年轻的浪漫诗人素来颇为反感,但因为他是妻子林佩瑶的表弟,又是吴公馆的常客,所以不宜直言教训他。于是,吴荪甫选用了指桑骂槐策略:表面上是训斥刚从乡下来到上海的七弟阿萱,实际上骂的是范博文:你算不上是个才子,当然也不配做浪漫诗人。

(3) 说反话

〈129〉常五　我告诉你,……你婆婆背后叫我没事说看着你。

花金子　哦,您看,(尖酸地)她老人家多疼我!

——曹禺《原野》

婆婆焦氏骂儿媳花金子是"婊子,贱货,狐狸精",并制作刻有花金子生辰八字的木头人,扎上七根钢针,咒其早死。花金子对恶婆婆派来监视她的人常五说"她老人家多疼我"是句有力度的反话:"多疼我"就等同于"超级迫害我"。

〈130〉中国军人的屠戮女婴的伟绩,八国联军的惩创学生的武功。

——鲁迅《记念刘和珍君》

《记念刘和珍君》一文作于1926年4月1日,是为纪念3月18日在段祺瑞执政府前遇害的国立北京女子师范大学学生刘和珍君等而写的。鲁迅先生对反动当局凶残杀戮爱国学生的行为愤慨万分,运用反话回敬反动当局。在这里,"伟绩",因为是"屠戮妇婴"的,所以恰恰等同于"滔天罪行";"武功",因为是惩创手无寸铁的学生的,所以恰恰等同于"武力镇压的罪行"。

五 预 设

预设(presupposition)原本是个哲学上的概念,近几十年来语言学论著中也常常提到这个概念。了解并掌握预设理论,对话语意义的恰当表达和准确理解是大有裨益的。

5.1 "预设"是语言哲学研究的课题之一

在语用学中,对"预设"这个话题的关注源于哲学上的争议,特别是关于所指和指别词语(reference and referring expressions)的性质的争议。近代第一位探讨这类问题的哲学家是德国人弗雷格(Frege)。他早在1892年写的《意义和所指》(On Sense and Reference)中就用"预设"(弗雷格当时用德文的 Voraussetzung)来解释一些语义中的逻辑现象。他说:"在任何命题中总有一个明显的预设——使用的简单或复合专名是有所指的。因此如果断言:'Kepler died in misery'(凯普勒死得很惨),存在一个预设即名称'Kepler'有所指。"他还说:"名称'Kepler'有所指既是'Kepler died in misery'的预设,也是它的否定命题'Kepler did not die in misery'的预设。"(Frege,英文译本,1952:69)

弗雷格草创的预设理论包括如下内容(Levinson,1983:170):

(1) 指别短语和时间从句预设它们在实际上指别的结果;
(2) 一个句子及其相应的否定物共同具有同一组预设;
(3) 一个断言或者一个句子或真或假,其预设必真或令人满意。

1905年,哲学家罗素(Russell)提出"描写理论"(Theory of descriptions)跟弗雷格唱对台戏。罗素的理论支配预设研究长达45年未遇重大挑战。到1950年,斯特劳森(Strawson)提出预设新理论,批驳罗素,才使预设研究进一步深入并趋于完善。

5.2 语言学家对"预设"的关注是从他们对语义关系的研究开始的

斯特劳森认为,应该区分句子和句子的使用,一旦把这二者区分开来,许多疑难问题就能解决了。句子没有真假,只有句子作出的陈述才有真假。因此,例如:

⟨1⟩ The King of France is wise.
（法国国王是聪明的。）

这样的陈述,很可能在 1670 年是真的,在 1770 年是假的,而在 1970 年则说不上什么真假,因为 1970 年不存在一个法国国王,不会产生真或假的问题。斯特劳森指出在:

⟨1⟩ The King of France is wise.
⟨2⟩ There is a present King of France.
（现在有一位法国国王。）

之间有一种特殊关系,即⟨2⟩是判断⟨1⟩真假的先决条件。他把这种关系叫作"预设"（presupposition）,并认为这是一种特殊的语用推理（pragmatic inference）,它跟逻辑含义或蕴涵不同,它是从指别词语的使用规约得出的一种推理。

当斯特劳森的预设观念开始得到语言学家们的关注时,就开拓了一种新的引人入胜的可能性:使我们有可能在众所周知的一种至关重要的语义关系即蕴涵（entailment）之外再增加一种新的性质截然不同的语义关系:预设（这种预设称为语义预设）。

蕴涵和预设有明显的区别:

蕴涵是指两个句子之间的这样一种关系:第二个句子的真必定取决于第一个句子的真实。例如:

⟨3⟩ That person is a bachelor. (S₁)

（那个人是个单身汉。）

⟨4⟩ That person is a man. (S₂)

（那个人是个男人。）

⟨3⟩(S₁)蕴涵⟨4⟩(S₂)。S₁和S₂的关系如下：

如果 S₁ 真，则 S₂ 必真；

如果 S₂ 假，则 S₁ 必假；

如果 S₁ 假，则 S₂ 可能真（是已婚男人）也可能假（是女人）。

预设和蕴涵有明显的区别：

如果 S₁ 真，则 S₂ 必真；

如果 S₂ 假，则 S₁ 无所谓真假，或者它根本不构成一个陈述；

如果 S₁ 假，则 S₂ 必真。

例如：

⟨5⟩ The King of France is bald. (S₁)

（法国国王是秃顶的。）

⟨6⟩ There is a King of France. (S₂)

（存在一位法国国王。）

⟨5⟩的预设是⟨6⟩。人们通过假定存在一位法国国王，并在这个假定的基础上，确定这位国王实际上是否秃顶来判断这个陈述的真或假。如果不存在一位法国国王，那么⟨5⟩这个陈述就无所谓真假。照此，

⟨7⟩ The King of France is not bald.

（法国国王不是秃顶的。）

如果只有一位国王，也是或真或假。如果根本不存在一位法国国王，那么不论说⟨7⟩还是说⟨5⟩都同样是奇怪的。

上面分别讨论了蕴涵和预设，两者是有明显区别的。它们的区别能用下表来表示（Kempson,1975:49）：

```
蕴  涵           预  设
S₁  S₂          S₁  S₂
T→T             T→T
F←F             —(T∨F)←F
F→T∨F           F→T
```

表中的符号:→表示"如果……那么",∨表示析取(相容的)。

这张对照表全面地指出了蕴涵和预设的区别。但语言学家总括出一个更简便的方法,即"否定测试法"(negation test),可以把蕴涵和预设简便、清楚地区分开来:把句子否定之后,未必真(可真亦可假)的推断是该句子的蕴涵;把句子否定之后,仍然真的推断是该句子的预设。例如:

⟨8⟩ John managed to stop in time.
　　(约翰设法及时停住。)

从⟨8⟩可推断出:

⟨9⟩ John stopped in time.
　　(约翰及时停住了。)
⟨10⟩ John tried to stop in time.
　　(约翰试图及时停住。)

现在取⟨8⟩的否定得出⟨11⟩:

⟨11⟩ John didn't manage to stop in time.
　　(约翰未能及时停住。)

从⟨11⟩不能得出推理⟨9⟩(实际上⟨11⟩的主要意思是否定⟨9⟩),但推理⟨10⟩仍保持,为⟨8⟩和⟨11⟩所共有。因此,依据否定测试,⟨10⟩是⟨8⟩和⟨11⟩共同的预设。注意:只要⟨8⟩真,⟨9⟩必真;但⟨11⟩真时,⟨9⟩必不真。根据蕴涵的特性,⟨8⟩蕴涵⟨9⟩,而⟨11⟩不蕴涵⟨9⟩。显然,否定⟨8⟩得出⟨11⟩后,⟨8⟩的蕴涵不再是⟨11⟩的蕴涵。简而言之,否定改变了句子的蕴涵,但未触动预设。

5.3 预设触发语

由上述分析可以看到,预设跟某些特定的词(例如⟨8⟩:John managed to stop in time 中的 manage)相联系,我们把这些产生预设的词语叫作预设触发语(presupposition trigger)。卡图南(Karttunen)在他写的《预设现象》(*Presuppositional Phenomenon*)一文中收集了 31 种预设触发语,这些词语在语句中能揭示语句的预设。下面,我们依据列文森的介绍(1983:181-184)挑选出预设触发语的一些重要例句,序号纳入我们的序列(注意:肯定与否定用/隔开;预设触发语用斜体排印;⟩⟩表示"预设")。

⟨12⟩ 定指描写(definite description):
　　John saw/didn't see *the man with two heads*
　　⟩⟩There exists a man with two heads
　　(约翰看见/没看见有两个头的人⟩⟩存在一个有两个头的人)

⟨13⟩ 叙实动词(factive verb):
　　Martha *regrets*/doesn't *regret* drinking John's home brew
　　⟩⟩Martha drank John's home brew
　　(玛莎后悔/不后悔喝了约翰自家酿造的啤酒⟩⟩玛莎喝了约翰自家酿造的啤酒)

⟨14⟩ 含义动词(implicative verb):
　　John *forgot*/didn't *forget* to lock the door
　　⟩⟩John ought to have locked, or intended to lock, the door
　　(约翰忘了/没忘记锁门⟩⟩约翰本来应该或打算锁门)

⟨15⟩ 状态变化动词(change of state verb):
　　John *stopped*/didn't *stop* beating his wife
　　⟩⟩John had been beating his wife
　　(约翰停止/没停止打妻子⟩⟩约翰过去一直打妻子)

⟨16⟩ 表示重复的词(iterative):
　　The flying saucer came/didn't come *again*

〉〉The flying saucer came before

(飞碟又来了/没有再来〉〉飞碟从前来过)

〈17〉判断动词(verb of judging)：

Agatha *accused*/didn't *accuse* Ian of plagiarism

〉〉(Agatha thinks)plagiarism is bad

(阿嘉莎指责/没有指责伊恩剽窃〉〉(阿嘉莎认为)剽窃不道德)

〈18〉时间从句(temporal clause)：

Before Strawson was even born, Freg noticed/didn't notice presupposition

〉〉Strawson was born

(甚至在斯特劳森出生之前,弗雷格就注意到/没有注意到预设〉〉斯特劳森出生了)

〈19〉分裂句(cleft sentence)：

It was/wasn't *Henry* that kissed Rosie

〉〉Someone kissed Rosie

(跟罗茜接吻的是/不是亨利〉〉有人跟罗茜接吻)

〈20〉带重音成分的隐性分裂句(implicit cleft with stressed constituents)：

John did/didn't compete in the OLYMPICS

〉〉John did compete somewhere

(约翰参加/没有参加奥运会的比赛〉〉约翰参加了某种比赛)

〈21〉比较和对比(comparison and contrast)：

Carol is/isn't a better linguist than Barbara

〉〉Barbara is a linguist

(卡洛尔是/不是比巴尔巴拉更优秀的一位语言学家〉〉巴尔巴拉是一位语言学家)

〈22〉非限制性关系从句(non-restrictive relative clause)：

The Proto-Harrappans, who flourished 2800－2650 B. C., were/were not great temple builders

〉〉The Proto-Harrappans flourished 2800－2650 B. C.

（原始海拉盆人——生活于公元前2800－2650年间——是/不是伟大的宇宙建造者》》原始海拉盆人生活于公元前2800－2650年间）

〈23〉违反实际的条件句(counterfactual condition)：

If Hannibal had only had twelve more elephants, the Romance Languages would/would not this day exist

》》Hannibal didn't have twelve more elephants

（如果汉尼拔多有12头大象的话，罗曼诸语言今天还会/不会存在》》汉尼拔没多有12头大象）

〈24〉疑问句(是非问句、选择问句、特殊问句)：

〈24.1〉 Is there a professor of linguistics at MIT?

》》Either there is a professor of linguistics at MIT or there isn't

（麻省理工学院有位语言学教授吗？》》麻省理工学院或者有或者没有一位语言学教授）

〈24.2〉 Is Newcastle in England or is it in Australia?

》》Newcastle is in England or Newcastle is in Australia

（纽卡斯尔是在英格兰还是在澳大利亚？》》纽卡斯尔是在英格兰或是在澳大利亚）

〈24.3〉 Who is the professor of linguistics at MIT?

》》Somone is the professor of linguistics at MIT

（麻省理工学院的那位语言学教授是谁？》》麻省理工学院某人是语言学教授）

以上一些例句(〈12〉－〈24〉)也许包括了通常认为是预设的核心现象。但是,请记住：这种现象的取舍取决于我们对预设的定义(因为预设是一个很复杂的问题,学者们有许多不同的看法)。

5.4 语义预设和语用预设

一些学者认为,自然语言有两类不同性质的预设：语义预设和语用预设。

5.4.1 语义预设

当前,语言学家们有两种主要的语义理论可用:一种是真值条件理论,另一种是以语义特征为基础的语义理论(这种理论假设所有的语义关系都能按句子分解成的原子概念或语义特征来定义)。

但是,列文森指出:把预设纳入真值条件理论,就必须把预设的性质看作一种特殊的蕴涵。这样,就要求对语义理论的整个逻辑结构作重大修正。如果借此可以解释预设的特性,这种修正也许是合理的。但实际上并非如此,因为任何这样的理论在原则上都是不成功的。使这种预设的语义理论遭受失败的因素是预设表现的两个基本特性:可取消性(defeasibility)和投射的特殊性质(peculiar nature of the projection problem)。

那么,把预设纳入以语义特征为基础的语义理论行不行呢?列文森指出:这种语义理论的特性远不像逻辑模式有明确的定义,这在一定程度上使它能适应处理新假设的语义关系。因此,卡茨和兰根道(Katz & Langendoen,1976)认为语义预设(semantic presupposition)是一种完全可行的概念,并且当它纳入特征分析语义学时实际上是唯一可行的概念。可是,这类理论的目的在于把关于语言的语义的知识跟关于世界的知识强行分离开来,划定较小的一组原子概念,只满足语义学的描写要求。这种观点的语义学关注的是不受语境制约的、稳定的词义和句义。事实证明:卡茨和兰根道的建议完全不能处理投射问题。

实际上,没有一种关于预设的语义理论是可以成立的。

现在我们简要地谈谈可取消性和投射问题。

5.4.1.1 关于可取消性(defeasibility)

预设显著的特性之一是在一定的语境里会消失,无论是在直接的语言上下文还是不太直接的话语语境,或者是作出相反假设的语境里。导致预设消失的语境因素分为两种:语境中的语言因素和语境中的非语言因素。

语言因素的例子如：

⟨25⟩ John didn't manage to pass his exams.
　　》John tried to pass his exams.
　　(约翰未能通过考试》约翰试图通过考试。)

但如果把"John didn't manage to pass his exams"放入下面这样的话语之中：

⟨26⟩ John didn't manage to pass his exams. In fact he didn't even try.
　　(约翰未能通过考试,事实上他都没有试图通过考试。)

那么原话的预设(约翰试图通过考试)就被取消了。

⟨27⟩ You say that someone in his room loves Mary. Well maybe so. But it certainly isn't Fred who loves Mary. And it certainly isn't John... (We continue in this way until we have enumerated all the people in the room.) Therefore no one in this room loves Mary.
　　(你说在这个房间里有人爱玛丽。好吧,也许是如此。但爱玛丽的肯定不是弗里德,也肯定不是约翰……(我们继续用这种方式直至列举出这个房间里所有的人。)因此,在这个房间里没有一个人爱玛丽。)

这里的每个分裂句(例如"it certainly isn't Fred"等)都预设⟨28⟩：

⟨28⟩ Someone in this room loves Mary.
　　(在这个房间里有人爱玛丽。)

但这大段话的整体意图正如结论所所言,显然是说服听话人(You)在这个房间里没有人爱玛丽。因此"在这个房间里有人爱玛丽"的预设被取消了。

非语言因素的例子如：

⟨29⟩ Sue cried before she finished her thesis.
　　(苏在完成她的论文之前哭了。)

〈29〉预设〈30〉：

〈30〉 Sue finished her thesis.
（苏完成了她的论文。）

但比较〈31〉：

〈31〉 Sue died before she finished her thesis.
（苏在完成她的论文之前死了。）

〈31〉当然不可能预设〈30〉，因此，在〈31〉里预设〈30〉消失了。消失的原因是：〈31〉断言的死亡发生在（预期的）完成她的论文这件事之前，由于我们普遍认为人死之后不能做什么事，因此苏不可能完成她的论文。这种根据语句的蕴涵和对肉体凡胎的背景假设得出的推理与预设〈30〉冲突。因此在这个语境或一系列信仰背景里该预设被取消了。

预设的可取消性，不可能满足语义预设必须是一种不变的关系（即如果 P 在语义上预设 Q，则 P 总是在语义上预设 Q）的要求。

5.4.1.2 关于投射问题（the projection problem）

兰根道和萨文（Langendoen & Savin,1971）曾假设复句的各个预设的集合是各个分句预设的简单相加，即如果 S_0 是由分句 S_1,S_2,…S_n 组成的复句，那么，"S_0 的预设＝S_1 的预设＋S_2 的预设…＋S_n 的预设"。例如：

〈32〉 S_0 为：John stopped accusing Mary of beating her husband.
（约翰停止谴责玛丽打丈夫。）

〈33〉 S_1 为：John accused Mary of beating her husband.
（约翰谴责过玛丽打丈夫。）

S_1（〈33〉）的预设是〈34〉：

〈34〉 John judged that it was bad for Mary to beat her husband.
（约翰认为玛丽打丈夫是坏事。）

〈35〉 S_2 为：John stopped doing it.
（约翰停止做此事。）

S_2(⟨35⟩)的预设是⟨36⟩：

⟨36⟩ Before time T, John did it.
（在时间 T 之前，约翰做过此事。）

那么，复句 S_0(⟨32⟩)的预设就等于 S_1(⟨33⟩)的预设(⟨34⟩)加上 S_2(⟨35⟩)的预设(⟨36⟩)，即复句 S_0(⟨32⟩)的成立，必须满足这样两个条件：(1)约翰认为玛丽打丈夫是件坏事；(2)约翰在时间 T 之前曾谴责过玛丽打丈夫。

必须指出：这种对复句预设的处理过于简单化了。事实证明，要制定一种理论去正确地预测各个分句的预设有哪些在组合成的复句中实际上得以留存下来是极端困难的。这个组合问题就是所谓预设的"投射问题"。

投射问题包括以下两个方面的内容：

第一个方面：预设在语境中保持而蕴涵消失。

预设保持而蕴涵消失的最明显的一类语境是否定句。例如：

⟨37⟩ The chief constable arrested three men.
（警长逮捕了三个人。）

⟨38⟩ There is a chief constable.
（存在一名警长。）

⟨39⟩ The chief constable arrested two men.
（警长逮捕了两个人。）

⟨37⟩预设⟨38⟩并蕴涵⟨39⟩。如果否定⟨37⟩，使之成为⟨40⟩：

⟨40⟩ The chief constable didn't arrest three men.
（警长没有逮捕三个人。）

那么，预设⟨38⟩保留，但蕴涵⟨39⟩消失了。

除了否定句外，还有别的语境：

其一，模态语境，即嵌入像 possible（可能）、there's a chance that（有可能）等模态词的语境。例如：

⟨41⟩ It's possible that the chief constable arrested three men.
（有可能警长逮捕了三个人。）

⟨42⟩ There is a chief constable.

⟨43⟩ The chief constable arrested two men.

⟨41⟩继续预设⟨42⟩,但显然不再蕴涵⟨43⟩,因为不能只依据事态的可能性作出事态的任何部分都是真的这样的逻辑推理。

其二,这组语境是由连词 and(和)、or(或)、if...then(如果……那么)及其对应词构成的复句。例如:

⟨44⟩ If the two thieves were caught again last night, (then) P.C. Katch will get an honourable mention.
(如果两个贼昨夜再次被捕获,(那么)凯奇将得到表扬。)

⟨45⟩ A thief was caught last night.
(一个贼昨夜被捕获。)

⟨46⟩ The two thieves had been caught before.
(两个贼过去曾被捕获过。)

⟨45⟩不再是⟨44⟩的蕴涵,而预设⟨46⟩保持不变。

卡图南(Karttunen,1973)列出了很长的一张词语清单,这份清单包括叙实动词、模态词、否定词等。他把这类词叫作"渗漏词"(hole),因为它允许各预设向上渗漏到整个复句,但使蕴涵受阻。

第二方面:预设在语境中消失而蕴涵保持。

预设在复句中消失的最直接的情形发生在句子的预设在并列句中被公开否认。例如:

⟨47⟩ John doesn't regret doing a useless Ph. D. in linguistics because in fact he never did do one!
(约翰不后悔得了一个无用的语言学博士学位,因为事实上他从来没有得过。)

这样,预设(约翰得了一个语言学博士学位)就被公开否认了。

此外,预设消失还有一种可能性,荷恩(Horn,1972)称之为"中止"(suspension)。使用后续的 if-从句(if-clause)可以很自然地中止说话人理应表达的预设。例如:

⟨48⟩ John didn't cheat again, if indeed he ever did.

　　（约翰没有再一次诈骗，如果他确实曾经诈骗过的话。）

因为使用了后续的 if-从句，所以，预设（约翰诈骗过）被中止了。

另一类有更多争议的语境是某些表达命题态度的动词，例如：want（想要）、think（认为）、believe（相信）、imagine（想象）、dream（梦想），以及所有表示说话的动词，例如：say（说）、tell（告诉）、retort（反驳）等。例如：

⟨49⟩ Loony old Harry believes he's the King of France.

　　（傻瓜老哈里相信自己是法国国王。）

⟨50⟩ There is a present King of France.

　　（现在有一位法国国王。）

⟨49⟩似乎没有预期的预设⟨50⟩。

⟨51⟩ I dreamed that I was a German and that I regreted being a German.

　　（我梦想我是个德国人，我梦想后悔是个德国人。）

⟨52⟩ I was a German.

　　（我是个德国人。）

⟨51⟩并没有预期的预设⟨52⟩，因为⟨51⟩的语境和蕴涵阻止⟨52⟩成为整个句子⟨51⟩的预设。

⟨53⟩ The teacher told the students that even he had once made a mistake in linear algebra.

　　（某老师告诉学生们他甚至曾在线性代数中犯过一个错误。）

⟨54⟩ The teacher is the least likely person to make a mistake in linear algebra.

　　（某老师很可能是在线性代数中犯错误最少的人。）

⟨53⟩似乎没有预期的预设⟨54⟩。

卡图南（Karttunen,1973）把表达命题态度和说话的这类动词叫作"堵塞词"（plug），因为跟渗漏词不同，它们阻塞低层句子的预设上升为整个句子的预设。

投射问题还有最麻烦的方面,即预设在连词 and(和)、or(或)、if...then(如果……那么)构成的复句和包含 but(但是)、alternatively(或者)、suppose that(假定)等的语句中的表现。前面已经提到过,这些词语是允许预设保持的"渗漏词",但实际上并不都是那样。例如:

⟨55⟩ If John does linguistics, (then) he will regret doing it.
(如果约翰搞语言学,⟨那么⟩他会后悔的。)

⟨56⟩ John will do linguistics.
(约翰将搞语言学。)

⟨55⟩中的结果从句独自预设⟨56⟩,但整个条件句不预设⟨56⟩。这显然是由于第一个从句只把这个预设(约翰将搞语言学)作为一个假设从而把它取消了。

⟨57⟩ Either John will not in the end do linguistics, or he will regret doing it.
(或者约翰最终将不搞语言学,或者他将后悔搞语言学。)

⟨56⟩ John will do linguistics.
(约翰将搞语言学。)

⟨57⟩的第二个从句独自预设⟨56⟩,但⟨57⟩全句则不预设⟨56⟩。在这种情况下,预设被阻塞了,因为第一个从句中的选择性表达否定了第二个从句的预设。

卡图南(Karttunen,1973)把上面情况下提到的这些连词叫作"过滤词"(filter):它们允许某些预设通过,同时又阻塞其他预设。

从上面的分析(预设的可取消性和投射问题的复杂性)可以得出结论:关于预设的语义理论是难以成立的。实际上,预设不属于语义学(因为语义预设必须是一种不变的关系:如果 P 在语义上预设 Q,那么 P 总是在语义上预设 Q),而是属于语用学。

5.4.2 语用预设

语用预设的理论各式各样,较早的研究只是利用语用概念提出预设可能有的定义。例如:(1)句子 A 在语用上预设命题 B,当且仅当 A 是真诚说出的,A 的说话人假设 B,并假定他的听话人也假设 B(Karttunen,

1973:169-170);(2)表层句子 A 在语用上预设一个逻辑式 B,当且仅当在蕴涵 B 的语境中,A 才能合适地说出(Karttunen,1974:149);(3)句子 A 在语用上预设命题 B,当且仅当为了增加共有知识 C,且在 B 已经被 C 所蕴涵的情况下,说出 A 才是合适的(Karttunen & Peters,1979:268);(4)说话人的语用预设是命题 B,当且仅当在下述确定的语境中,即说话人假定或相信 B,假定或相信他的听话人也假定或相信 B,假定或相信他的听话人认可他所作的这些假定或信仰(Stalnaker,1974:200)。这些定义尽管术语不同,但都运用两个基本概念:合适性(appropriateness or felicity)和共有知识(mutual knowledge or common ground)。

其实,我们关注的重点不是定义,而是能准确地预测预设的表现并能较好地解释可取消性和投射这些成问题的特性的某种模式。

具有这样作用的正规模式有两种。这两种模式都假定预设是词语的规约意义(conventional meaning)的一部分,但并不把预设看作语义推理。第一种模式是卡图南和彼得斯(Karttunen & Peters,1979)提出的。列文森评介说:这种理论用蒙太古语法的框架(The framework of Montague Grammar)来表达。依照这种语法理论,语义内容表达式的建立是一步一步地跟自然语言表层形式的建立并行的。因此每个词、分句或句法变换都有一个相关联的语义表达式(semantic representation)或外延表达式(extension expression)。这种理论的基本思想是按蒙太古语法的框架在句子成分构成句子的过程中再增加一组意义表达式(meaning expression),其生成方式跟外延表达式相同。这种意义表达式只跟预设触发词语相联系。跟外延表达式不同,这些预设表达式(presuppositional expression)一般不起规定真值条件的作用,它们的功能纯粹是表示出成分的预设。卡图南和彼得斯把这种获得预设的意义的表达式叫作含义表达式(implicature expression)。按照卡图南和彼得斯的理论,预设实际上是不可取消的,因为除了含义表达式之外,每个成分还有一个关联的继承表达式(heritage expression),它唯一的作用是支配含义表达式表达预设的投射过程。按照这种方式,卡图南(Karttunen,1973)对内嵌结构的分类,即堵塞词(plug)、过滤词(filter)、渗漏词(hole)都能纳入蒙太古语法框架。例如,当一个内嵌补语是堵塞词时,它有一个阻塞由含义表达式表达的预设上升为整个句子的预设的继承表达式。如：

⟨58⟩ Nato claims that the nuclear deterrent is vital.

（北约声称核威慑力量至关重要。）

⟨59⟩ There exists a nuclear deterrent.

（存在一种核威慑力量。）

⟨58⟩没有预设⟨59⟩，因为 claims（声称）这个词有一个阻止预设⟨59⟩的继承表达式。在这种情况下，预设实际上不是被取消了，而只是在生成过程中被阻止了，因而不能在整个句子里出现罢了。

第二种模式是盖兹达（Gazdar,1979）提出的：处理投射问题的复杂方式能处理语境造成的可取消性问题。列文森评介说：盖兹达的理论假定预设属于语义的非真值条件方面。但跟卡图南和彼得斯的理论相反，在盖兹达的理论中，预设实际上是可取消的。首先，一个句子的全部潜在预设（potential presupposition；句子跟潜在预设相联系，潜在预设是由词汇和句法确定的）成整套地生成。在这个阶段，任何复句的预设由各个部分的预设组成。然后一个取消机制起作用，在一整套潜在预设中挑选出将予保留的在特定语境中说出该句子的实际预设（actual prosupposition；话语跟实际预设相联系）。取消机制以这样的方式起作用，语境由说、听双方共知的一组命题构成，至少双方对这些命题都接受，无争议。例如：

⟨60⟩ France is a republic.

（法国是个共和国。）

⟨61⟩ The Second World War ended in 1945.

（第二次世界大战于1945年结束。）

在交谈时说、听双方通过增加表达的命题不断地来扩大语境。关键在于这种扩大必须以一种特定的次序进行：先增加句子的蕴涵，然后增加会话含义（句子数量会话含义和程度数量会话含义），最后增加预设。这个次序非常重要，因为在这个次序之间有一项跟上面一项有矛盾就把下一项取消，预设位于这一次序的最后，凡是跟前面的项目矛盾的预设都要取消，这就是说，语境增加新的命题有一个重要的制约，即在每一步骤，只有跟语境已有的全部命题一致的命题才可以增加。例如：

⟨62⟩ If there is a King of France, the King of France doesn't any longer live in Versailles.

（如果有一位法国国王，那么这位法国国王不再住在凡尔赛宫。）

⟨63⟩ The speaker knows that there exists a King of France.

（说话人知道存在一位法国国王。）

⟨64⟩ It is consistent with all the speaker knows that there is not a King of France.

（不存在一位法国国王，这跟说话人的全部知识相一致。）

⟨62⟩由于结果从句中的定指描写而具有潜在预设⟨63⟩，但⟨63⟩由于条件主从句具有含义⟨64⟩而被取消。因为⟨64⟩在潜预设⟨63⟩之前已进入语境，所以阻止跟⟨64⟩不一致的⟨63⟩再进入语境。

以上介绍的由卡图南、彼得斯提出的理论和由盖兹达提出的理论，是以一种颇为恰当的方式处理投射问题的有成效的预设理论，但还不是能找到的最佳解决办法。我们应该去寻找最好的理论，一种受人欢迎的理论，不是逐项去处理预设，而是依据一般的语用原则由预设触发词语的语义内容去预测预设。

总之，从弗雷格于1892年提出"预设"这个术语之后，有关学科的学者们做了大量的研究工作，取得了很大的成绩。但由于预设这个问题的特殊复杂性，直到现在仍然没有建立起一种完备的预设理论。列文森指出："我们需要的是一种由语言词语的语义详尽说明来预测预设的理论。这样的一种理论在本质上是混合型的：预设将不自成一类，而是语义学和语用学之间复杂的相互作用的一种结果。"(Levinson,1983:225)

六　言语行为

20世纪30年代,逻辑实证主义学说的中心信条是:"除非一个句子至少在原则上能被证实(即验证其真或假),严格地说,它是没有意义的(meaningless)。"(Levinson,1983:227)维特根斯坦(Wittgenstein)在其晚期著作《哲学研究》(1950)中反对逻辑实证主义的这种思潮,提出了"意义就是使用"(meaning is use)的口号,并主张话语(utterance)只有联系各种活动或语言博弈才能解释清楚。在同一时期,1955年奥斯汀(Austin)提出了言语行为理论(Theory of Speech Act),反对逻辑实证主义的"凡不能验证其真或假的陈述都是伪陈述(pseudo-statement),都没有意义"的实证观点,指出"施为句"无真或假但确实有意义,主张"归根到底,我们要阐释的唯一实际现象是在完整的言语环境中的完整的言语行为"(Austin,1975:148)。奥斯汀的这一主张和维特根斯坦所强调的语言使用、语言博弈十分相似。

人们在长期的大量的言语交际实践中和语言研究中认识到:要想真正全面、准确地理解话语,只靠句子结构分析,只靠逻辑-语义分析,只考察确定句子意义的真或假是很不够的。一些学者认识到:说话本身就是一种行为——言语行为,言中有行,甚至在某种意义上言就是行,以言行事。言语行为理论是从一个新的视角研究语言,它关注的既不是语言自身的语法结构(像结构主义语言学那样),也不是语言的潜在系统(像系统功能语法那样),它关注是人们以言行事,如何以言行事以及话语所产生的交际效果。

言语行为理论是由奥斯汀开创,由塞尔(Searle)补正、完善的,从行为角度阐释人类言语交际的一种重要理论。

6.1 奥斯汀的言语行为理论

奥斯汀(Austin,1911—1960,英国哲学家,牛津大学教授)1955年在哈佛大学作了题为《论言有所为》(*How to Do Things with Words*)的系列演讲(共12讲)。他的演讲由当时的听讲者之一游尔穆森(Urmson)根据自己和其他听讲者的笔记,并参照奥斯汀的演讲提纲整理编写成书,于1962年出版。后经斯比萨(Sbisa)博士补正,脉络更为清晰,内容更为充实,由牛津大学出版社于1975年出第二版,共169页。我们介绍奥斯汀的言语行为理论以此版本为准。奥斯汀的"言有所为"理论"着手推翻认为真值条件(truth condition)是语言理解的中心这一语言观点"(Levinson,1983:228)。

6.1.1 施为句理论

6.1.1.1 区分"言有所述"和"言有所为"

奥斯汀认为必须区分"言有所述"和"言有所为"。言有所述的话语是可以验证的,即或真或假二者必居其一。例如:

〈1〉The prisoner escaped yesterday.
(昨天囚犯逃走了。)

这是一种陈述,其作用是描述事物状态或陈述某种事实,有或真或假的意义区别。奥斯汀认为这类话语的特点是"言有所述"。但是下列话语显然不是为了作出真或假的陈述(Austin,1975:5):

〈2〉"I do."(用于结婚仪式过程中)

〈3〉"I name this ship the Queen Elizabeth."(用于船的命名仪式)

〈4〉"I give and bequeath my watch to my brother."(用于遗嘱)

〈5〉"I bet you six pence it will rain tomorrow."(用于打赌)

很明显,说话人说这些话不是进行陈述,而是在实施某种行为:"结婚"、"命名"、"遗赠"、"打赌"。话语〈2〉、〈3〉、〈4〉、〈5〉无所谓真或假,说这些话就是做某件事,实施某种行为。在这里,虽说奥斯汀所举的四个例子都是固定的习俗,但在这类习俗化的活动之外,通过说话来实施某种行为在日常的言语交际中也是相当普遍的,例如:"I order...""I warn...""I promise...""I welcome..."等等。说这些话,说话人就是在实施"命令""警告""许诺""欢迎"等行为。奥斯汀认为这类话语的特点是"言有所为"。进而,奥斯汀把"言有所述"的话语叫作"有所述之言"(constative,即叙述句),把"言有所为"的话语叫作"有所为之言"(performative,即施为句)。奥斯汀区分"言有所述"的"有所述之言"跟"言有所为"的"有所为之言",其目的是强调"有所为之言"在言语交际中的特殊重要性。

奥斯汀(Austin,1975:14-15)指出:"有所为之言"虽无真或假意义的区别,但必须有"合适条件"(happiness condition,或 felicity condition):

(A.1)必须存在一种具有一定规约结果的可接受的规约程序,这种程序包括由特定的人在特定的环境中说出特定的话,并进而

(A.2)特定的人和在确定情况下的环境必须跟产生的特定程序的要求合适。

(B.1)程序必须由所有的参与者正确地和

(B.2)完备地实施。

(C.1)这种程序是为具有一定思想和感觉的人的使用而设计的,或者是为合乎逻辑地指导任何一个参与者都要经历的某种仪式而设计的。参与并求助这种程序的人事实上必定具有这些思想和感觉,并且这些参与者必定打算如此这般地使自己接受指导,且进而

(C.2)在实际上如此这般地使自己接受这样的指导。

如果我们失礼去违反这六条规则中的任何一条或几条,我们的施为句就会(在这个方面或那个方面)不合适(unhappy)。

例如:一个基督教徒在结婚仪式上说"I do",这个男人必须是未婚的,如果是个已婚男人,"结婚"行为就不能成功地实施。在船只的命名仪式上,命名人必须是被授予这一权力的人,并且确有一只船正待命名,否则,尽管说"I name this ship the Queen Elizabeth","命名"行为仍不能成功地实施。又如:一个人说"I promise..."就必须真诚地去履行自己的诺

言;一个人对另外一个人说"I welcome you"就应该以礼相待,不能口是心非。

6.1.1.2 施为句

奥斯汀把"有所为之言"的句子叫作施为句(performative sentence or performative utterance,简称 performative)。施为句的功能是"以言行事"。"以言行事"是奥斯汀言语行为理论关注的中心。

施为句主要有两种。

第一种是显性施为句(explicit performative)。

奥斯汀提出施为句的明确目的是把施为句跟叙述句(constative)对立起来,但他最初提出的这种施为句实际上只是显性施为句。

奥斯汀首先提出了显性施为句的语法标准。他指出:"到目前为止,我们考察的施为句的少数经典例子,它们全都具有第一人称单数现在时直陈式主动态动词。"(Austin,1975:56)

根据奥斯汀的这句话,我们可以为显性施为句归纳出一套语法标准:

① 必须有一个施为动词;
② 该动词必须是现在时;
③ 该动词的主语必须为第一人称单数;
④ 句子在形式上是主动态陈述句。

显性施为句可用 I+V^p 这种句法形式来表示。句式中的 V^p 表示施为动语。这类施为动词使含有这类动词的话语所实施的行为的性质明确无误。例如:"I do"、"I name"、"I bet"等等。如果我说出"I bet...",我不是陈述我说出这句话"I bet",而是我实施这个"打赌"行为。此外,显性施为句的其他几个标准也不可或缺,因为缺少了任何一项所得出的话语就不是奥斯汀所说的显性施为句了。

依据上述这套语法标准来鉴别以下句子:

⟨6⟩ I bet you five dollars it'll rain tomorrow.
⟨7⟩ I am betting you five dollars it'll rain tomorrow.
⟨8⟩ l betted you five dollars it'll rain tomorrow.
⟨9⟩ He bets you five dollars it'll rain tomorrow.

很明显,〈7〉、〈9〉表述的是提示性的或纪念性的事物;〈8〉是过去时态的报导;只有〈6〉是显性施为句。这没有什么难以理解的,因为说话人(第一人称单数"我")是通过说出一个施为动词(例如:bet、warn、promise、order、apologize……)主动地去当即(现在时)实施一种行为或执行一种任务,不如此,就不是典型的施为句而是叙述句了。

但是,有些句子虽然符合上述几条语法标准,却不是施为句,例如:

〈10〉I now beat the eggs till fluffy.

(我现在把鸡蛋打匀。)

这句话是边说边示范,是报导一种正在进行的动作,不是施为句。

由此看来,只凭语法标准不能完全解决问题,已经提出的标准必须进一步充实,使之趋于完善。为此,奥斯汀又提出必须用词汇手段配合语法标准来检验施为句,即依据句子中的动词能否跟副词 hereby 同时出现来划分是不是施为动词:如果句子中的动词能跟 hereby 同时出现,此类动词则为施为动词,此类句子则为显性施为句,例如:

〈11〉I hereby declare you mayor of Casterbridge.

(我在此宣布你为卡斯特桥市市长。)

〈12〉I hereby now beat the eggs till fluffy.

在这里,动词 beat(打)不能跟 hereby 同时出现,所以此动词不是施为动词,因而〈12〉不是施为句。

从以上的分析来看,奥斯汀主张检验显性施为句的标准应该是个综合标准,即由语法标准和词汇标准共同构成的语法-词汇标准。

奥斯汀提出的语法-词汇标准略加修补,例如再加上以下两条标准:①该动词的间接宾语是"你"(如果有间接宾语的话),②该动词之后有一个间接引语小句(省略情况除外),就可成为检验显性施为句的较为完备的标准。经修补的标准整理为:

① 句子在形式上是主动态陈述句;

② 必须有一个施为动词;

③ 该动词必须是现在时;

④ 该动词的主语必须为第一人称单数;
⑤ 该动词的间接宾语是"你"(如果有间接宾语的话);
⑥ 该动词之前能加副词 hereby;
⑦ 该动词之后有一个间接引语小句(省略情况除外)。

这个经修补后的标准可用这样的公式来表示:I+(hereby)V^p you(that) S'。

照此标准,⟨13⟩是合格的显性施为句:

⟨13⟩I hereby warn you that the bull is dangerous.
(我在此警告你那只公牛是危险的。)

第二种是隐性施为句(implicit performative)。

奥斯汀说的显性施为句只是说话人想通过所说的话明确地表明自己所要实施的言语行为的特定形式。奥斯汀指出:除此之外,人们在言语交际中实际上更经常使用一些不那么明确、不那么特定的语言手段来实施某种行为。这转语言手段包括:(1)语气:例如用"Shut it"(把它关上)替换"I order you to shut it"(我命令你把它关上);(2)语调:例如"It's going to charge"(它就要向前冲了),借助语调的不同来实施不同的言语行为:

It's going to charge! (警告)

It's going to charge? (疑问)

It's going to charge!? (抗议)

(3)副词:例如用"I'll be there without fail"(我必定在那儿)替换"I promise I'll be there"(我许诺我会在那儿);(4)语助词:例如用"Therefore,X"(因此,X)替换"I conclude that X"(我推断出 X)。

奥斯汀把"Shut it"、"I'll be there"等这类没有施为动词也能表达"有所为之言"的施为句称之为隐性施为句。

隐性施为句因为没有施为动词,所以要想准确地理解隐性施为句的意义就必须依靠语境。

显性施为句是表明说话人所要实施的言语行为的一种特定形式,在言语交际中,实际上人们较少使用显性施为句,而大量使用隐性施为句,因为使用显性施为句往往意味着说话人比听话人有更大的权势或更多的权利。

6.1.1.3 "言有所述"实质上也是一种"言有所为"

至此,必须指出:奥斯汀的"施为句理论"在定义或概念上先后发生了两个重要的变化。第一,起初是把施为句看作专门一类具有特殊的句法特性和语用功能的句子,后来则把它们看作一种一般类型的施为话语,包括显性施为句(即最初界定的施为句)和隐性施为句,而这后者包括许多其他种类的话语;第二,起初是施为句(有所为之言)和叙述句(有所述之言)的二分(对立),后来则变为关于各种施为句和叙述句的施事行为(illocutionary act)的一种一般理论。

奥斯汀的"施为句理论"为什么会先后发生这样两种重要变化呢?

奥斯汀在对施为句的深入研究过程中,发现"施为句理论"存在着不少问题。这主要表现在:第一,没有找到区分施为句和叙述句这两类话语的句法形式上的过硬标准。如前所述,施为句(即最初界定的施为句)最基本的句法形式是 I+V^p(V^p表示施为动词),但是这一句法形式显然不能排除以"I state…"、"I assert…"等开头的话语,而这类话语,按照奥斯汀的区分自然应该属于叙述句。这样一来,施为句和叙述句不是就具有了同一句法形式吗?第二,隐性施为句的提出和确认,扩大了施为句的范围,而叙述句可以被看作隐性施为句。由于叙述句已被看作隐性施为句而被纳入施为句的范围,它自然就失去了跟施为句对立(二分)的资格。这样,叙述句和施为句的对立就没有继续存在的价值了。

那么,这是不是可以说奥斯汀先把施为句(有所为之言)跟叙述句(有所述之言)对立起来,然后又把这种对立自动放弃是空忙一场呢?不,绝对不是空忙一场。我们认为,奥斯汀起初区分"言有所为"和"言有所述",从而把和"施为句"、"叙述句"对立起来是有重要意义的。把"施为句"跟"叙述句"对立起来的根本目的是强调施为句在言语交际中的特殊重要性,借此推翻认为逻辑-语义的真值条件是语言理解的中心的传统观点。奥斯汀后来自动放弃"施为句"跟"叙述句"的对立是有充分根据的,并且是意味深远的。因为这种对立的放弃是由于叙述句被看作隐性施为句而造成的,所以奥斯汀的施为句就毫不费力地把叙述句纳入了自己的领地。正因为如此,放弃"施为句"跟"叙述句"的对立并不表明奥斯汀削弱或放弃了他的言语行为理论,而是表明奥斯汀的言语行为理论的"行为色彩"更浓了:"言有所述",实质上也是一种"言有所为"。

6.1.2 言语行为三分说

奥斯汀放弃了施为句跟叙述句相对立的二分理论,提出了言语行为三分说的新言语行为理论。

6.1.2.1 言语行为三分说

奥斯汀把言语行为分为三类:

① 叙事行为(the locutionary act)

② 施事行为(the illocutionary act);

③ 成事行为(the perlocutionary act)。

(1) 叙事行为(the locutionary act)

奥斯汀说:"在常规意义上,我把'说某种事情'的行为(the act of 'saying something')叫作完成一种叙事行为。"(Austin,1975:94)

叙事行为包括以下三种行为:

① 发声行为(phonetic act):是仅仅发出某种声音的行为。

② 发音行为(phatic act):是发出某些可以发音的词或通常的词,也就是说,发出某种类型的音,这些音是属于某一特定语言的音,它跟某一特定语言的词汇、语法相符合。

③ 表意行为(rhetic act):是运用那些具有相当明确的立意(sense)和所指(reference)的可发音的词来完成的一种行为。

区分、识别上述三种行为,必须注意到:

① 要完成一种发音行为必须先完成一种发声行为,但发声行为却不一定是发音行为。例如猴子能发出一种听起来跟英语的 go 没有什么差别的声音,但它仍然不是一种发音行为,因为它不是一个可发音的词。

② 在发音行为的定义里,既包含词汇,又包含语法,也涉及语调。

③ 发音行为跟表意行为是有明显区别的,例如:"He said 'The cat is

on the mat'"（他说"猫在地垫上"）是发音行为（因为说话人（他）只是机械地引用"猫在地垫上"这句话，并不表示他同意或理解这句话，也不表示他打算把"猫在地垫上"这一信息传达给别人）；而"He said that the cat was on the mat"（他说猫在地垫上）则是一种表意行为（因为通常所说的间接引语属于表意行为）。

完成一种发音行为，不一定能做到表意。例如，某人说了某句话，我们照样重复一遍；某人说话咕咕哝哝，我们可以重复他的声音，但不知道他说的是什么；见到一个拉丁文的句子，我们可以把它读出来，但不懂它的意思。

叙事行为是奥斯汀言语行为三分说的第一类行为。完成一个叙事行为大致相当于发出一个有意义（＝立意和所指）的句子（或话语）。叙事行为的功能是以言指事。

(2) 施事行为（the illocutionary act）

奥斯汀说："完成一种施事行为就是完成在说某种事情中所存在的一种行为（an act in saying something）。"（Austin, 1975:99）施事行为是奥斯汀言语行为三分说的第二类行为，属于这类行为的话语都存在一定的语力（illocutionary force or force），如"命令"、"警告"、"通知"，等等。施事行为的功能是：以言行事。

奥斯汀关于施事行为，即以言行事的公式是：In saying x I was doing y。（Austin, 1975:122）

请注意：英语的 illocutionary 就是 in-locutionary，其中的 in 就是以言行事公式中"in saying"的 in，表示 y 是存在于或包含在 x 之中的言语行为。

现在，我们举个例子来说明：

设 x＝I will come tomorrow.（我明天会来。）

　　y＝许诺

那么，将 x、y 代入公式：In saying x I was doing y.

则为：In saying "I will come tomorrow", I was making a promise.

　　（在说"我明天会来"时，我在作一个许诺。）

这里，"许诺"就是一种语力。奥斯汀把这种说明语言不同类型的功能的学说叫作"语力说"。

例如：

Shoot her!

（枪毙她！）

这句话，在不同的语境下说出来，其语力是很不同的，比如：命令听话人"枪毙她！"，怂恿听话人"枪毙她！"，劝告听话人"枪毙她！"等等。

下面，我们谈谈叙事行为跟施事行为两者之间的关系。

叙事行为，一般地说，可以同时是也可以本身是一种施事行为。例如：一位大夫对病人说："Smoking is bad for you"（吸烟对你不利），这是一种叙事行为，但同时表明大夫对病人提出了"劝告"，这显然是一种施事行为，即以言行事。

奥斯汀指出，完成一种叙事行为我们就会同时完成如下一些行为：

提出一个问题或回答一个问题；

提供某种信息，或作出一种保证，或提出一个警告；

宣布一个结论，或表明一种意图；

宣判；

约定时间，发出一种呼吁，提出一种批评；

作出确认，或进行一种描述；

还有其他许多例子。

在探讨叙事行为跟施事行为两者之间的关系时，我们必须注意到：能以言行事的言语行为，首先必定是一个以言指事的行为；但是，以言指事的行为却不一定都能做到以言行事。

(3) 成事行为(the perlouctionary act)

奥斯汀说："说某种事情会经常地，甚至常规地对听话人或说话人或其他人产生一定的影响，影响他们的感情，思想或行动"，"我们把这种行为叫作成事行为(a 'perlocutionary' act)"。(Austin,1975:100)

成事行为是奥斯汀言语行为三分说的第三类行为，其特点是必定在听话人或其他人的感情或思想或行动上产生某种影响或效果。成事行为的功能是以言成事。

奥斯汀关于成事行为，即以言成事的公式是："By saying x I did y"

(Austin,1975:122),把这个公式稍加修改就可以变得更为明确、完备:By saying x and doing y, I did z.

请注意:英语 perlocutionary 的 per 就是公式中的 by。所谓以言成事,就是通过说 x 并实施 y 而产生效果 z。

现在,我们举个例子来说明:

设 x＝I will come tomorrow.(我明天会来。)

　y＝许诺

那么,将 x、y 代入公式:By saying x and doing y, I did z.

则为:By saying "I will come tomorrow" and making a promise, I reassured my friends.(通过说"我明天会来",作出一个许诺,我使我的朋友们放心。)

这里,reassured(使放心)是个成事动词,使听话人放心就是成事行为产生的效果或影响。

再举一个例子:

设 x＝I would shoot him.(我要枪毙他。)

　y＝威胁

那么,将 x、y 代入公式:By saying x and doing y, I did z.

则为:By saying "I would shoot him" and making a threat, I alarmed him.(通过说"我要枪毙他",发出一种威胁,我使他惊恐。)

这里,alarmed(使惊恐)是个成事动词,"使他惊恐"就是成事行为产生的效果或影响。

在讨论成事行为时,我们必须注意到施事行为跟成事行为的本质差别。

施事行为,即以言行事的公式是:"In saying x I was doing y",其特征是:说出话语 x,同时实施 y,也可以说是 $x=y$。例如:

In saying "I would shoot him" I was threatening him.

(说出话语"我要枪毙他",我威胁他。)

成事行为,即以言成事的公式(修补后的公式)是:"By saying x and doing y, I did z."其特征是:$z=x+y$。例如:

By saying "I would shoot him" and making a threat, I alarmed him.
(通过说"我要枪毙他",发出一种威胁,我使他惊恐。)

此外,还应当指出:施事行为是规约行为(a conventional act),即跟一种惯例、习俗相一致的行为;成事行为则不是规约行为,但必定产生或大或小的效果或影响。

至此,我们分别讨论了叙事行为、施事行为和成事行为这三种言语行为。实际上,在言语交际中,这三种言语行为是一个整体:叙事行为:发出声音,组成单词和句子,表述一定的意义(meaning),以言指事;施事行为:在说某种事情中存在着某种语力,以言行事;成事行为:通过说某种事情在听话人或其他人的思想、感情或行动上产生一定的影响或效果,以言成事。举例如下(Austin,1975:101-102):

A. 叙事行为:以言指事

He said to me 'Shoot her!'(用 Shoot 指枪毙,用 her 指她)
(他对我说"把她枪毙!")

B. 施事行为:以言行事

He urged (or advised, ordered, &c.) me to shoot her.
(他怂恿我(劝我,命令我,等等)把她枪毙。)

C. 成事行为:以言成事

He persuaded me to shoot her.
(他说服我把她枪毙了。)
He got me to (or made me, &c.) shoot her.
(他终于使我(他使我,等等)把她枪毙了。)

又例如:

A. 叙事行为:以言指事

He said to me, 'You can't do that'.
(他对我说,"你不能做那件事"。)

B. 施事行为:以言行事

He protested against my doing it.
(他抗议我做那件事。)

C. 成事行为:以言成事

He pulled me up, checked me.

(他使我清醒过来,不让我任性下去。)

He stopped me, he brought me to my senses, &c.

(他恢复了我的理智,把我劝阻了。)

He annoyed me.

(他使我生气。)

奥斯汀分出了三种言语行为,即叙事行为、施事行为和成事行为,但必须注意到:奥斯汀关注的中心问题是施事行为。

6.1.2.2 施事行为的分类

正因为奥斯汀在言语行为理论中特别关注施事行为,所以他不惜花费大量精力把施事行为的话语按照它们的语力作了分类。共分为五大类:

(1) 裁决型(verdictive)

裁决型这类施事行为的特征是由仲裁人或裁判员作出一种裁决,这种裁决本质上是对事实或价值作出裁决。

裁决型的例子如下(Austin,1975:153):

acquit	convict	find (as a matter of fact)
hold (as a matter of law)	interpret as	understand
read it as	rule	calculate
reckon	estimate	locate
place	date	measure
put it at	make it	take it
grade	rank	rate
assess	value	describe
characterize	diagnose	analyse

(编者注:之所以照录原例,是为读者全面了解和公正评论奥斯汀的分类提供方便,下同。)

(2) 行使型(exercitive)

行使型这类施事行为是行使权力、权利,或施加影响。行使就是作出赞成或反对一种一定的行为过程或者为其辩护的决定。仲裁人和审判员运用行使行为作出裁决,其后果是使他人"被迫屈从",或"许诺"或"不允许"去做某种事情。

行使型是个很宽泛的行为类别,其例子如下(Austin,1975:155-156):

appoint	degrade	demote
dismiss	excommunicate	name
order	command	direct
sentence	fine	grant
levy	vote for	nominate
choose	claim	give
bequeath	pardon	resign
warn	advise	plead
pray	entreat	beg
urge	press	recommend
proclaim	announce	quash
countermand	annul	repeal
enact	reprieve	veto
dedicate	declare closed	declare open

(3) 承诺型(commissive)

承诺型这类施事行为的特征就是许诺或者承担,就是使说话人对一定的行为过程承担义务。

承诺型的例子如下(Austin,1975:157-158):

promise	covenant	contract
undertake	bind myself	give my word
be determined to	intend	declare my intention
mean to	plan	purpose
propose to	shall	contemplate
envisage	engage	swear
guarantee	pledge myself	bet

vow	agree	consent
dedicate myself to	declare for	side with
adopt	champion	embrace
espouse	oppose	favour

(4) 行为型(behabitive)

行为型这类施事行为的特征是说话人对别人过去和当前的行为、命运表明态度。

行为型的例子如下(Austin,1975:160-161):

① 表道歉有:apologize

② 表感谢有:thank

③ 表同情有:deplore、commiserate、compliment、condole、congratulate、felicitate、sympathize

④ 表态度有:resent、don't mind、pay tribute、criticize、grumble about、complain of、applaud、overlook、commend、deprecate 以及非行使用法的 blame、approve、favour

⑤ 表问候(迎来送往)有:welcome、bid you farewell

⑥ 表希望有:bless、curse、toast、drink to、以及 wish(在其严格地施为用法上)

⑦ 表挑战有:dare、defy、protest、challenge

(5) 阐释型(expositive)

阐释型这类施事行为是用于阐释行为,包括阐述观点,引导争论,说明用法和范围。

阐释型的例子如下(Austin,1975:162-163):

1. affirm	2. remark
deny	mention
state	? interpose
describe	
class	
identify	

3. inform
   apprise
   tell
   answer
   rejoin
3a. ask
4. testify
   report
   swear
   conjecture
   ? doubt
   ? know
   ? believe
5. accept
   concede
   withdraw
   agree
   demur to
   object to
   adhere to
   recognize
   repudiate

5a. correct
    revise
6. postulate
   deduce
   argue
   neglect
   ? emphasize
7. begin by
   turn to
   conclude by
7a. interpret
    distinguish
    analyse
    define
7b. illustrate
    explain
    formulate
7c. mean
    refer
    call
    understand
    regard as

总之,对已经分出来的施事行为的五种类型可以这样加以概括:裁决(verdictive)是行使判决;行使(exercitive)是行使权力或施加影响;承诺(commissive)是承担义务或表明意图;行为(behabitive)是表明态度;阐释(expositive)是阐明理由,解释争论和交际作用。这些类别各有自己的特点又有某功能上的交叉。

我们认为:奥斯汀的演讲集《论言有所为》是他留给后人的一份宝贵

的文化遗产。奥斯汀的功绩是开辟了一条从行为角度研究语言使用的新道路。尽管他的言语行为理论还有些不正确、不完备之处，需要后继者修正、补充，使之进一步完善、系统，但他作为言语行为理论的开创者，在语言学上占有重要的一席之地。

6.2　塞尔的言语行为理论

塞尔(Searle,1932—　)是美国当代语言哲学家，加利福尼亚大学伯克利分校哲学教授，牛津派日常语言哲学在美国的主要代表人物。塞尔的言语行为理论(Theory of Speech Acts)是奥斯汀言语行为理论的继承、修正、发展和系统化。塞尔把言语行为理论看作是一种解释人类言语交际的理论。

6.2.1　修正奥斯汀对一个完整的言语行为的抽象切分

奥斯汀把一个完整的言语行为抽象切分成叙事行为、施事行为和成事行为这样三个部分。塞尔对奥斯汀的抽象切分提出了批评和修正。塞尔主张把言语行为分为四大类(Searle,1969:23-25)：①发话行为(utterance act)，即说出单词、句子的行为；②命题行为(propositional act)，即由指谓(referring,谈到的人或物)和表述(predicating,对谈到的人或物所作的表述)所实施的行为；③施事行为(illocutionary act)，例如陈述、提问、命令、许诺、等等；④成事行为(perlocutionary act)，即对听话人的行动、思想、信念等方面产生影响的行为，例如，通过"争论"使听话人被说服、使之信服，通过"警告"使听话人恐慌或惊恐。

我们把塞尔的言语行为分类跟奥斯汀的言语行为分类加以比较，可以看到：塞尔的发话行为相当于奥斯汀叙事行为中的发声行为和发音行为，更重要的是塞尔用命题行为取代了奥斯汀叙事行为中的表意行为。塞尔认为，奥斯汀在抽象切分得出表意行为的同时也抽象切分得到了施事行为，因为用来表述表意行为的动词都是可以用来表述施事行为的动词。塞尔不同意奥斯汀把叙事行为和施事行为截然分割开来。我们必须看到：塞尔跟奥斯汀的分歧充分表现出他们在对句义(sentence meaning)

和语力(illocutionary force)之间关系的认识上存在着重大差异。奥斯汀始终认为句义(或字面意义)和语力有根本性区别。而塞尔则认为"不存在不带语力特征的句子"(Searle,1969:412),并明确指出:"一般说来,通过说出句子所实施的言语行为就是句义的功能。……句义的研究和言语行为的研究在原则上没有区别。恰切地说,它们是同一种研究。因为每个有意义的句子凭借其意义都能用来实施一种特定的言语行为(或一系列言语行为),又因为每个可能的言语行为在原则上通过一个或一些句子都能确切地用公式来表达(假定语境合适),所以,句义的研究和言语行为的研究不是两种独立的研究,而是从两种不同的视角所做的同一研究。"(Searle,1969:18)这就是说,句义在合适的语境里确定言语行为,同时也基本界定语力或语力范围。塞尔基于对句义和语力关系的这种认识,用"命题行为"取代了奥斯汀的"表意行为"。命题中立于语力,不同的话语可以用来表达同一命题,但却可以具有不同的语力。例如(Searle, 1969: 22):

⟨1⟩ Sam smokes habitually.
(萨姆经常吸烟。)
⟨2⟩ Does Sam smoke habitually?
(萨姆经常吸烟吗?)
⟨3⟩ Sam, smoke habitually!
(萨姆,你要经常吸烟!)
⟨4⟩ Would that Sam smoked habitually.
(愿萨姆经常吸烟。)

这四句话的命题都是:吸烟(萨姆)(萨姆为指谓,吸烟为表述),但语力却分别是:
① 断言;
② 提问;
③ 命令;
④ 祝愿。

塞尔指出:"一个命题的表达是一个命题行为而不是一个施事行为",

但是"一个命题的表达总是通过完成一个施事行为来表达的"(Searle, 1969:29)。

6.2.2 言语交际应遵守构成规则

塞尔认为,言语交际属于人类行为科学的一部分,言语行为是人类交际的基本单位,言语行为有其自身的特点并受规则的制约。塞尔区分两种规则:制约规则(regulative rule)和构成规则(constitutive rule)。制约规则对已存行为或活动实施制约,例如礼仪规则是对已存的人际关系实施制约。构成规则能创立或规定新的行为形式并对它们实施制约,例如下棋规则,它一旦生成就同时制约下棋活动。塞尔之所以要区分这两种规则,其目的就是为了说明言语交际应遵守构成规则,例如你想通过说话来实施"命令"行为,你就必须得遵守某些规则,否则就不是"命令"行为而是别的什么行为了。塞尔指出:"说一种语言就是按照构成规则的系统实施一种言语行为的问题。"(Searle,1969:38)(请注意:塞尔的构成规则是生成言语行为的规则,它不同于对语言本身进行结构分析的句法规则、转换生成规则。)如果说话人在语境 C 里说出话语 X,那么话语 X 在语境 C 里就充任 Y。(Y 是言事行为,X 通常用来作为 Y 的约定媒介,使潜在的生成言语行为的一系列构成规则实体化。)

研究言语行为至少包括意义(因为话语自身是有意义的)和行为两方面。先说意义:话语 X 有相对独立于语境的约定俗成的意义,塞尔称之为"句义"。在以言行事过程中,还有新的意义,即"语力"(语力跟交际意图有关)。再说行为:塞尔认为,实施 Y,即实施施事行为,就是遵守施事行为的构成规则。塞尔找出构成规则的方法是:先确定成功地、完满地实施某一施事行为(例如"许诺")的充分条件和必要条件,然后再从这些条件中抽取出有关"语力显示手段"(illocutionary force indicating device)。"语力显示手段"指施事动词(如"命令"、"请求"、"许诺"等等)、语调、语气、重读等语言手段。这些手段能显示所说出的话语的语力)的构成规则。塞尔以"许诺"(真诚的"许诺")行为为例,确定了九条充分和必要条件(Searle,1969:57-61):

(1) 得到正常的输入和输出条件。

"输出"(output)包括说话清楚明白的条件,"输入"(input)包括理解的条件。这二者合起来就是:说话人和听话人都知道如何说某种语言;说话人和听话人都意识到他们是在做什么;他们不存在诸如聋、哑或喉炎之类的交际障碍;他们也不是演戏或开玩笑,等等。应该注意到:这个条件排除聋、哑之类的交际障碍,也排除演戏或开玩笑之类的交际形式。

(2) 在说出话语 X 时,说话人 S 表达了命题 P。

这个条件使命题从其他的言语行为中分离出来,并使我们有可能全神贯注于作为一种施事行为的许诺的特性上。

(3) 在表达命题 P 时,说话人 S 表述了他将要实施某一行为 A。

在许诺的情况下,语力显示手段的范围包括一定的命题特征。在许诺行为中,必须是说话人表述,并且不能是过去的行为。我不能许诺曾做过某种事情,也不能许诺别的某个人将要做某种事情(尽管我可以许诺我关注他将做某种事情)。一种行为的概念,我是为了当前的目的解释它的,包括制止一些行为,实施一系列的行为,也可以包括状态和条件:我可以许诺不做某种事情,我可以许诺重复地、不断地做某种事情,我也可以许诺保留在一定的状态或条件下。

塞尔把条件(2)和条件(3)叫作命题内容条件(the propositional content condition)。

(4) 听话人 H 希望说话人 S 实施而不是不实施行为 A,并且 S 相信 H 希望他实施而不是不实施 A。

一般地说,条件(4)中所陈述的要点是:如果是一个完美的许诺,被许诺的事情是听话人希望实施的,或者是他有兴趣考虑的,或者是希望实施而尚未实施的,等等;说话人必须意识到或者相信或者知道是那种情况。

(5) S 和 H 都不认为在事件的正常过程中 S 会实施行为 A。

例如,一个新婚男子许诺他的妻子下周不会遗弃她,这一许诺很可能带来的忧虑比安慰更多。

塞尔把条件(4)和条件(5)叫作预定条件(preparatory condition)。

(6) S 打算实施行为 A。

塞尔把条件(6)叫作真诚条件(sincerity condition),以此区别于不真诚的许诺。

(7) S认为他说出话语X就意味着他有义务实施行为A。

一个许诺的本质特征就是承担实施一种一定行为的义务。意图是实施一种许诺的必要条件。

塞尔把条件(7)叫作本质条件(essential condition)。

(8) S的意图是要H认识到说出话语X就是使S承担起实施A的义务,S想使H通过认可S的上述意图而认识到S承担起实施A的义务,S想使H通过话语X的意义认可S的上述意图。

(9) 当条件(1)—(8)都具备时,S和H所使用的语言的语义规则使得话语X说出来既正确又真诚。

塞尔指出:上述条件(1)、(8)、(9),一般应用于各种标准的施事行为而不是专门应用于"许诺"。条件(2)—(7)则对应于"许诺"。

接着,塞尔从条件(2)—(7)中提取出四条语力显示手段的构成规则:

(1) 命题内容规则(propositional content rule)

谈到说话人将要实施的行为。命题内容规则导源于命题内容条件(2)和(3)。

(2) 预定规则(preparatory rule)

说话人相信他要实施的行为是听话人所希望的行为,但这一行为是说话人在通常情况下不做的。预定规则导源于预定条件(4)和(5)。

(3) 真诚规则(sincerity rule)

说话人打算真心诚意地实施某行为。真诚规则导源于真诚条件(6)。

(4) 本质规则(essential rule)

说话人承担起实施某一行为的义务。本质规则导源于本质条件(7)。

塞尔认为,说话人通过话语做出"许诺"必须遵守这四条规则。

这四条构成规则从表面上看,是关于语力显示手段的使用规则,实际上也是施事行为的构成规则。塞尔(Searle,1969:20)凭借"可表达性原则"(principle of expressibility;即对任何意义X,任何说话人S,当S意欲表达(在言语交际中传达意图、希望等)X时,那么就能有表达式E,这E能确切地表达X或把X公式化。其符号为:(S)(X)(S意指X→P(∃E)(E是X的确切表达式))把这四条语力显示手段的使用规则推广到不同类的施事行为上来。例如,发布命令(giving an order):其预定条件是说话人的权威高于听话人;其真诚条件是说话人想使命令行为得以实施;其本质条件是说话人通过发出话语试图使听话人实施一个特定的行为。又如,请求(request);其命题内容是听话人 H 将来的行为 A;其预定条件是:①说话人 S 相信听话人 H 能做 A,②S 和 H 都不认为在正常事态的进程中 H 会做 A;其真诚条件是 S 想要 H 做 A;其本质条件是 S 试图要 H 做 A。再如,警告(warn):其命题内容是将来的事件 E;其预定条件是:①S 认为 E 将要发生,并对 H 不利,②S 认为 H 不清楚 E 将要发生;其真诚条件是 S 相信 E 对 H 不利;其本质条件是 S 保证 E 对 H 不利。塞尔指出:依据"可表达性原则","可使我们把实施言语行为的规则跟说出一定语言要素的规则等同起来。因为对于任何可能的言语行为总有一个可说的语言要素,其意义就足以确定在适当的语境里说出该话语就是准确地实施这一言语行为"(Searle,1969:20-21)。

6.2.3 批评奥斯汀对施事行为的分类,提出自己的新分类

塞尔对施事行为的分类是在批评奥斯汀对施事行为的分类的基础上提出来的。

我们知道,奥斯汀把施事行为分为裁决型、行使型、承诺型、行为型、阐释型五大类,并且每种类型都举出了大量例子。塞尔认为,奥斯汀提出的分类为展开讨论提供了良好的基础,但他提出的分类需要进行重要的修正,因为它有不少缺点。

塞尔明确指出:奥斯汀列出的分类清单"不是给施事行为分类而是给英语的施事动词分类"(Searle,1979:9)。紧接着,塞尔又指出了奥斯汀分类的五条缺点(Searle,1979:9-11):

(1)所列出的动词并非都是施事动词,例如:sympathize、regard as、mean to、intend、shall。

(2)最重要的一个缺点是,没有创立一套进行分类的清晰的或始终如一的原则。只有承诺型是清晰地、无歧义地跟类型的定义相合地用于施事目的。阐释型,在表示其特性的程度上也是清晰的,似乎是在语篇关系的范围内下定义的。行使型,似乎至少是部分地在行使权力的范围内

下定义的。身份和习俗两方面的考虑是隐而不见的。行为型,这个定义下得也不好,它似乎既包含对说话人和听话人来说什么是好的或什么是坏的意思,又是一种表态。

(3) 因为没有清晰的分类原则,又明显地混淆了施事行为和施事动词的界限,所以从一个类型到另一个类型存在着大量的重叠,在某些类型内存在着许多不纯净现象。

(4) 从一个类型到下一个类型不仅有太多的重叠,而且在某些类型内有相当不同类型的动词。

(5) 这些分类中所列出的动词不是全部真正符合所下的定义。

塞尔认为,这几个缺点中最重的一条是第(2)条,即缺乏始终如一的分类原则。

塞尔通过批评奥斯汀对施事行为的分类,明确地指出:要想对施事行为作出令人满意的分类,必须得制定出明确的、始终如一的分类标准。

塞尔是在我们在§6.2.2所介绍过的九条充分与必要条件和四条一般构成规则的基础上对施事行为进行分类的。塞尔认为,不同类型的施事行为的差别至少有十二个重要方面(Searle,1979:1-8):

(1) 行为(类型)的目的有差别

例如:"命令"的目的是要听话人去做某事;"许诺"的目的是说话人对做某事承担一种责任、义务。

这些差别跟施事行为的本质条件相关。

(2) 词语(words)和世界(world)之间的适切方向有差别

例如:"陈述"、"描写"、"断言"、"说明"的适切方向是:词语适切现实世界,用↓表示;"请求"、"命令"、"起誓"、"许诺"的适切方向是:现实世界适切词语,用↑表示。

(3) 表达的心理状态有差别

例如:一个人作出许诺,发出誓言,威胁要做A(行为)或决心要做A,就表示做A的一种意图;一个人发出命令、请求,要听话人做A,就表示要听话人做A的愿望(希望、意愿);一个人对做A道歉,就表示对做了A有后悔之心。一般说来,在实施具有命题内容的任何施事行为中,说话人对命题内容都会表示某种态度。

请注意:施事行为中所表达的心理状态跟真诚条件相关。

(4) 施事行为目的表现出来的强烈程度有差别

例如:I suggest we go to the movies.

(我建议我们去看电影。)

I insist that we go to the movies.

(我坚决主张我们去看电影。)

这两句话施事行为目的相同,但所表现出来的强烈程度不同。

(5) 说话人和听话人的身份或地位不同使话语具有的语力有差别

例如:将军叫列兵打扫房间,很可能是发命令;而列兵请将军打扫房间,则可能是提出建议,绝不可能下命令。

这种特性跟预定条件相关。

(6) 关系到说话人和听话人利益的说话方式有差别

例如:在自夸和悲叹之间,祝贺和吊唁之间,什么对说话人、听话人有利,什么对说话人、听话人不利,说话方式是有差别的。

这种特性是另一种类型的预定条件。

(7) 跟语篇其余部分的关系上有差别

例如:"I reply"(我回答)、"I deduce"(我推断)、"I conclude"(我断定),等等,这些词语跟别的话语以及它们的上下文相关。

However、moreover、therefore 同样能执行这些语篇的相关功能。

(8) 语力显示手段决定命题内容上有差别

例如:"预测"决定了命题内容是关于将来的事;"报告"决定了命题内容是有关过去或当前发生的事。

这些差别跟命题内容条件的差别相关。

(9) 必须通过言语行为来实施的行为和不必通过言语行为来实施的行为之间有差别

例如:estimate(评估)、diagnose(诊断)、conclude(推断)。

我可以通过说"I estimate"、"I diagnose"、"I conclude"来作出评估、进行诊断、得出推断。但为了进行评估、诊断、推断全然不必说什么。我可以站在一座大楼面前估算它的高度,我可以默不作声地诊断你是个边缘精神分裂症患者,或者推断挨着我站着的那个男人是个醉汉。在这些情况下,没有言语行为。

(10) 要求依赖超语言的社会规约来实施的行为和不要求依赖超语言的社会规约来实施的行为有差别

有大量的施事行为要求一种超语言的社会规约。一般地说,说话人必须有特殊的地位,特定的行为才能得以实施。例如"宣战"这种行为,就要求宣布人有相应的社会地位。

(11) 有施为效用的施事动词(illocutionary verb)的行为和无施为效用的施事动词的行为有差别

多数施事动词有施为效用。例如:state(陈述)、promise(许诺)、order(命令),等等。但不能通过说"I hereby boast"来实施自夸行为,也不能通过说"I hereby threaten"来实施威胁行为。

请注意:不是所有的施事动词都是施为动词(performative verb)。

(12) 施事行为的实施风格有差别

例如:公开宣布和私下吐露,其施事行为目的或命题内容可能相同,但施事行为的实施风格有差别。

塞尔认为,在这十二个方面的差别中,前三个方面,即施事行为目的(illocutionary point)、适切方向(direction of fit)和所表达的心理状态(expressed psychological state)为最重要。其中,施事行为目的跟施事行为的本质条件对应;适切方向表示施事行为目的带来的后果,指词语跟现实世界之间的关系;所表达的心理状态跟施事行为的真诚条件一致。正因为如此,塞尔就以施事行为目的、适切力方向、所表达的心理状态为标准把施事行为分为五大类(Searle,1979:12-20):

塞尔明确表示:是对施事行为分类,不是为施事动词分类。

(1) 断言行为(assertives)

断言行为类每个成员的目的(point or purpose)是说话人(在不同程度上)对某种事情的状况、被表达命题的真实性承担义务。断言行为类的所有成员在评断方面,包括真与假,是可以断言的。

断言行为用如下符号式来表示:

$$\vdash\downarrow B(p)$$

⊢:断言

↓:适切方向:词语适切现实世界

B:心理状态:信念(Belief)

(p):命题

一旦我们承认断言行为是作为一种相当独立的类存在,基于施事行为目的之观念,那么大量的施为动词、概指施事动词在真或假方面似乎都是可断言的了。例如,考察 boast(自夸)和 complain(抱怨),两者都概指断言行为:这种断言行为都有附加上的特征,即做跟说话人的利益有关的某件事。又如,conclude(断定)和 deduce(推断),它们也是断言行为:这种断言行为都有附加上的特征,即它们表示在断言的施事行为跟语篇(discourse)的其余部分或话语(utterance)的上下文之间的一定关系。

塞尔的断言行为,包括奥斯汀的阐释型和裁决型的大部分。

(2) 指令行为(directives)

指令行为的施事行为目的是说话人试图要听话人做某件事。这试图可以是谦恭的,例如,我邀请你做某件事,或者我建议你做某件事;这试图也可以是强烈的,例如,我坚决要求你做某件事。

指令行为用如下符号式来表示:

$$!\uparrow W(H\ does\ A)$$

!:指使

↑:适切方向:现实世界适切词语

W:真诚条件为愿望(Want)

命题内容:听话人 H 实施某个未来的行为 A

指令行为类的动词包括:ask、order、command、request、beg、plead、pray、entreat,还有 invite、permit、advise。塞尔认为还应包括奥斯汀列入"行为型"的 dare、defy、challenge。奥斯汀"行使型"的许多动词也应归入指令类。提问是指令的次类,因为它们是说话人要听话人做出回答,即实施一种言语行为。

(3) 承诺行为(commissives)

承诺行为,其施事行为目的是说话人(在不同程度上)对将要实施的某种行为承担义务。

承诺行为用如下符号式来表示：
$$C \uparrow I(S \text{ does } A)$$

C：承诺

↑：适切方向：现实世界适切词语

I：真诚条件为意图(Intention)

命题内容：说话人 S 将要实施某种行为 A

奥斯汀关于承诺型的定义似乎无懈可击，他列入承诺型的动词中只有少数几个动词不属于该类，例如 shall、intend、favor 等。

(4) 表态行为(expressives)

表态行为的施事行为目的是表达以真诚条件说明的关于在命题内容中指明的一种事态的心理状态。表态行为动词有：thank、congratulate、apologize、condole、depore、welcome。请注意：在表态行为中无适切方向。实施一种表态行为，说话人既不试图使现实世界适切词语，也不试图使词语适切现实世界，毋宁说被表达的命题的真值是预先决定的。例如，当我因为踩了你的脚趾而道歉时，我的目的既不是索要你被踩的脚趾，也不是让你踩脚趾。

表态行为用如下符号式来表示：
$$E \emptyset (p)(S/H + \text{property})$$

E：表态

∅：适切方向为零

(p)：心理状态

命题内容：说话人 S 或听话人 H 有某种特性

在表态行为的命题内容中详细说明的特性必须跟说话人 S 或听话人 H 相关。例如："I congratulate you."我之所以向你表示祝贺，是因为听话人在某方面取得了优异成绩。又如："I thank you."我之所以向你表示感谢，是因为听话人为说话人做了某种有益的事。

(5) 宣告行为(declarations)

一种宣告行为成功地实施，就造成命题内容和现实存在之间的一致：如果我成功地实施委任你为主席的行为，那么你就是主席；如果我成功地实施提名你为候选人的行为,那么你就是候选人;如果我成功地实施宣布战争状态的行为,那么战争就爆发了。

用来实施宣告行为的许多句子的表层句法结构把我们的目的隐藏起来,因为在命题内容和语力之间没有表层句法区别。例如,"You're fired"(你被解雇了)和"I resign"(我辞职),在语力和命题内容之间似乎没有区别,但我们认为,事实上它们用于实施宣告行为时其语义结构是:

I declare: Your employment (hereby) terminated.
（我宣布:你的工作至此结束。）

I declare: My position is (hereby) terminated.
（我宣布:我的职位至此终止。）

宣告行为会造成凭借成功的宣告的事实所涉及的对象的身份或条件的某种变化。宣告行为的这一特征把它跟别的类型区分开来。

宣告行为是言语行为的一种很特殊的类型。

宣告行为用如下符号式来表示:

$$D \updownarrow \emptyset(p)$$

D:宣告(指宣告的施事目的)

$\updownarrow$:适切方向为双向

$\emptyset$:真诚条件为零

(p):命题变元

请注意:宣告行为都包含一种超语言的社会规约,在语言的构成规则之外的一种构成规则系统,以便宣告行为能成功地实施。掌握说话人和听话人构成语言能力(linguistic competence)的那些规则,对实施宣告行为来说,一般是不够的。此外,必须存在一种超语言的社会规约,并且在这种社会规约中说话人、听话人必须占据特殊的地位。如教堂、法律、私有财产,就是这样的社会规约。在这类规约中,说话人和听话人的身份和特殊地位,使得一个人能开除某个人教籍,提出任命,赠送财产或宣战。

由于塞尔提出了明确的、始终如一的分类标准,基本上做到了是给施事行为分类而不是给英语的施事动词分类,所以他对施事行为的分类比奥斯汀的分类科学多了。我们认为,正因为塞尔的分类是给施事行为分类,所以这样的分类就不只适用于英语,而且也能适用于其他语言。对塞尔的分类尽管仍不乏批评意见,但它不失为一种比较合理的、科学的分类。

6.2.4 提出间接言语行为理论

提出间接言语行为理论是塞尔对发展、完善言语行为理论作出的一个重要贡献。

6.2.4.1 间接言语行为的定义

塞尔1975年、1979年都谈到过间接言语行为(indirect speech act)。我们选用他于1979年给间接言语行为下的定义:"间接言语行为是通过实施另一种施事行为的方式来间接地实施某一种施事行为。"(Searle, 1979:31)

塞尔认为,要理解"间接言语行为"这个概念,首先就要了解句子的"字面语力"(literal force),然后由"字面语力"再推导出"间接语力",即句子间接表达的"施事语力"(illocutionary force)。

塞尔的间接言语行为假设是:

(1) 显性施为句可通过句子中的施为动词看出说话人的语力。

(2) 多数句子实际上是隐性施为句,其中的陈述句表达"陈述",疑问句表达"疑问",祈使句表达"命令"等言语行为。

(3) 句子本身表达的这些言语行为称为"字面语力",在"字面语力"的基础上推导出来的语力称为"施事语力",即间接语力。

(4) 间接言语行为分为规约性(conventional)间接言语行为和非规约性(nonconventional)间接言语行为。

现在举个例子来说明塞尔给间接言语行为所下的定义:

  Could you do it for me?
  (你能为我做这件事吗?)

说这句话时,说话人是通过实施"询问"那种施事行为的方式来间接地实施"请求"这一施事行为的,"询问"是说话人采用的手段,"请求"才是说话人要达到的真正目的,所以,实际上"Could you do it for me?" = "I request that you do it for me"(我请求你为我做这件事)。塞尔把表达说话人真正目的(意图)的施事行为叫作"首要施事行为"(primary illocutionary act),把说话人为了实施首要施事行为所实施的另一种施事行为叫作"次要施事行为"(secondary illocutionary act)。次要施事行为和话语的字面语力相吻合,首要施事行为则不是字面上的,其间接语力是由字面语力推导出来的。

6.2.4.2 规约性间接言语行为和非规约性间接言语行为

6.2.4.2.1 规约性间接言语行为

规约性间接言语行为是指对"字面语力"作一般性推导而得出的间接言语行为。对"字面语力"作一般性推导,就是根据句子的句法形式,按习惯可以立即推导出间接的"施事语力"。

塞尔深入地研究了规约地用为实施间接指令(indirect directives)的一些句子。

塞尔为什么这样关注间接指令的研究呢? 显然是因为说话人在想让别人为自己做某种事情时,在多数情况下都应该也必须讲礼貌。在言语交际中,当说话人请求别人为自己办事时,讲礼貌才能达到最佳交际效果:听话人乐意为说话人效劳,从而办成说话人想要办的事。如果说话人直截了当地使用祈使句形式或者带有显性施为动词的句式,那么听话人就可能不买说话人的账。正因为如此,塞尔才在五大类施事行为中特别关注以间接的方式使用指令类行为。塞尔归纳出间接指令的六种类型(Searle,1979:36-39),并列出了具有普遍性的形式(例句中用黑体字表示):

第一类,涉及听话人实施 A(Act)的能力的句子:

Can you reach the salt?

Can you pass salt?

Could you be a little more quiet?

You could be a little more quiet.

You can go now.(这也可以是一种许可=You may go now.)

Are you able to reach the book on the top shelf?

Have you got change for a dollar?

第二类,涉及说话人希望听话人实施 A 的句子:

I would like you to go now.

I want you to do this for me,Henry.

I would/should appreciate it if you would/could do it for me.

I would/should be most grateful if you would/could help us out.

I'd rather you didn't do that any more.

I'd be very much obliged if you would pay me the money back soon.

I hope you'll do it.

I wish you wouldn't do that.

第三类,涉及听话人实施 A 的句子:

Officers **will** henceforth wear ties at dinner.

Will you quit making that awful racket?

Would you kindly get off my foot?

Won't you stop making that noise soon?

Aren't you going to eat your cereal?

第四类,涉及听话人实施 A 的意愿的句子:

Would you be willing to write a letter of recommendation for me?

Do you want to hand me that hammer over there on the table?

Would you mind not making so much noise?

Would it be convenient for you to come on Wednesday?

Would it be too much(trouble)for you to pay me the money next Wednesday?

第五类,涉及实施 A 的理由的句子:

You ought to be more polite to your mother.

You should leave immediately.

Must you continue hammering that way?

Ought you to eat quite so much spaghetti?

Should you be wearing John's tie?

You had better go now.

Hadn't you better go now?

Why not stop here?

Why don't you try it just once?

Why don't you be quiet?

It would be better for you（**for us all**）**if you would** leave the room.

It wouldn't hurt if you left now.

It might help if you shut up.

It would be better if you gave me the money now.

It would be a good idea if you left town.

We'd all be better off if you'd just pipe down a bit.

第六类，把上述形式中的一种嵌入到另一种中的句子，以及在上述的一种形式中嵌入一个显性指令性施事动词的句子：

Would you mind awfully if I asked you if you could write me a letter of recommendation?

Would it be too much if I suggested that you could possibly make a little less noise?

Might I ask you to take off your hat?

I hope you won't mind if I ask you if you could leave us alone.

I would appreciate it if you could make less noise.

上面列出的间接指令的六种类型的句子，都属于规约性间接言语行为，操英语的人遇到这些句子，就会依据句子的句法形式由句子的"字面语力"习惯性地推导出它的"间接语力"来。例如，"Can you pass me the salt?"其中的"Can you＋V"这个形式就是一种规约的礼貌形式（之所以说"Can you＋V"这个形式是礼貌的，是因为：第一，说话人没有假定了解听话人的能力，从而发出一个祈使句；第二，听话人有选择接受或拒绝的自由，因为这是个 yes-no 问句，允许回答 no），它在言语交际中具有双功能性(bifunctionality):"提问"和"请求"。听话人会依据"Can you+V"这种形式,由句子的"字面语力"——"提问"而习惯性地推导出其"间接语力"——"请求"来。

6.2.4.2.2 非规约性间接言语行为

非规约性间接言语行为较为复杂,且不稳定。因为非规约性间接言语行为要依靠语境和说话双方的共知语言信息来推导,塞尔举出的一个例子是(Searle,1979:33-35):

Student X: Let's go to the movies tonight.
Student Y: I have to study for an exam.

塞尔认为,Y 的间接言语行为"拒绝"是通过下述 10 个步骤推导出来的:

步骤(1):X 向 Y 提出"建议",Y 作出"陈述":必须准备考试(关于会话的事实)。

步骤(2):X 设想 Y 在会话中是合作的,并且他说的话是"相关的"(会话合作原则)。

步骤(3):Y 的相关回答必须是或"接受",或"拒绝",或"另行建议",或"进一步考虑"等(言语行为理论)。

步骤(4):但 Y 回答的话从字面意义上看并未表达上述任何一种言语行为,因而设想 Y 的回答是不相关的(由步骤(1)和(3)可推导出来)。

步骤(5):因此 Y 也许是表达比字面意义更深一层的意思。现在设想 Y 仍是遵守"相关"准则的,所以他的回答必定具有不同于字面意义的"施事语力"(由步骤(2)和(4)可推导出来)。

这是关键性的一步。听话人如果不掌握发现跟字面意义不同的施事语力的推导策略(inferential strategy),他就无法理解间接施事行为。

步骤(6):X 知道准备考试要花费一个夜晚的大量时间,他也知道去看电影也要花费一个夜晚的大量时间(事实背景信息)。

步骤(7):因此,在同一个夜晚不能既去看电影又准备考试(由步骤(6)推导出来)。

步骤(8):接受"建议"或其他"承诺"的预定条件是在命题内容条件下有能力实施预期的行为(言语行为理论)。

步骤(9):因此,X 知道 Y 说了一些表明自己无法接受 X 的建议的话(由步骤(1)、(7)、(8)可推导出来)。

步骤(10):因此,Y 的非字面的"施事语力"大概是"拒绝"X 的建议(由步骤(5)和(9)可推导出来)。

请注意:上述各个步骤只表示理解间接言语行为的逻辑推导过程,并不是人的理性思维的真实步骤。

塞尔认为,间接言语行为理论要解决的问题就是:说话人如何通过话语的"字面语力"表达话语间接的"施事语力",或者听话人如何由话语的"字面语力"推导出话语的"施事语力",即当听话人听到特定的话语时他如何能理解特定的间接言语行为是指别的某种东西。塞尔认为,他于1969 年提出的答案(指:合适条件)尚不完备,应该进一步完善。他指出,说话人和听话人表达或理解间接言语行为的依据可归纳为以下四条:共同具有的背景信息(包括语言的和非语言的);听话人的理解和推断能力;言语行为理论;会话合作的一般原则。

以上述四条为依据,能完满地解释非规约性间接言语行为,更能完满地解释规约性间接言语行为。例如,在餐桌上 X 对 Y 说:"Can you pass the salt?"Y 从这句询问话语中推导出"请求"的施事语力大致需要如下步骤(Searle,1979:45-47):

步骤(1):X 向 Y 提出一个问题:Y 是否有递盐的能力(关于会话的事实)。

步骤(2):Y 假定 X 在会话中是合作的,因此,他的话有某种目的(会话合作原则)。

步骤(3):会话环境的推理兴趣不是指明 Y 的递盐能力(事实背景信息)。

步骤(4):X 也许知道问题的答案是 yes(事实背景信息)。(这一步促使达到步骤(5),但不是关键。)

步骤(5):因此,X 的话也许不仅仅是一个询问,也许有某种隐秘的施事行为目的(由步骤(1)、(2)、(3)和(4)推导出来),那么它是什么呢?

步骤(6):任何指令性施事行为的预定条件是听话人实施在命题内容条件下所表述的行为的能力(言语行为理论)。

步骤(7):因此,X 向 Y 提出一个问题,其肯定回答必须满足请求 Y 递盐的预定条件(从步骤(1)和(6)推导出来)。

步骤(8):现在是在进餐,进餐时人们通常是用盐的,人们前后彼此递盐(背景信息)。

步骤(9):因此,X 暗指满足一种请求的预定条件,他很可能希望 Y 也照此来做(从步骤(7)和(8)推导出来)。

步骤(10):在缺乏任何别的可能的施事行为目的的情况下,X 很可能是请求 Y 把盐递给他(从步骤(5)和(9)推导出来)。

从上面的分析可以看到:以交际双方共同具有的信息背景、听话人的理解和推断能力、言语行为理论,以及会话合作原则为依据,有步骤地进行推导,既能完满地判断、解释规约性间接言语行为,又能完满地判断、解释非规约性间接言语行为。看来,推导理论比以句子形式为依据按习惯去判断、解释话语的"施事语力"的方法(这种方法受到句子形式和功能相关联的约束)具有更强的解释力。

6.2.4.3 在交际中,间接用法广泛使用

在言语交际中,话语的多数用法是间接的。在英语中,提出请求是很少使用命令式的,人们倾向于使用间接请求的句子。例如,间接请求(或要求)听话人关门,就能列出一个很长的清单:

a. I want you to close the door.

　I'd be much obliged if you'd close the door.

b. Can you close the door?

　Are you able by any chance to close the door?

c. Would you close the door?

　Won't you close the door?

d. Would you mind closing the door?

　Would you be willing to close the door?

e. You ought to close the door.

　It might help to close the door.

　Hadn't you better close the door?

f. May I ask you to close the door?
   Would you mind awfully if I was to ask you to close the door?
   I am sorry to have to tell you to please close the door.
g. Did you forget the door?
   Do us a favour with the door, love.
   Do US a favour with the door, love.
   How about a bit less breeze?
   Now Johnny, what do big people do when they come in?
   Okay, Johnny, what am I going to say next?

上面,我们对塞尔的间接言语行为理论作了一个简介。

我们在§6.2.4开头第一句话就说过,提出间接言语行为理论是塞尔对发展完善言语行为理论作出的一个重要贡献。我们之所以这样说,是因为塞尔提出的间接言语行为理论使由奥斯汀开创的言语行为理论进一步完善,它把言语行为理论跟格赖斯的会话含义学说结合起来,把间接言语行为跟言语交际的得体原则,特别是礼貌准则紧紧地挂上了钩。这一点意义重大,因为成功的交际是说话人和听话人共同促成的,说话人使用间接方式,表达恰切,话语得体、礼貌,听话人心领神会,乐意合作,才能以言行事,以言成事,达到最佳交际效果。

我们在§6.1简要而系统地介绍了奥斯汀的言语行为理论,在§6.2简要、系统地介绍了塞尔的言语行为理论。现在,我们作个简要的总结:20世纪50年代,哲学家奥斯汀创建了言语行为理论,他的功绩是开创了一条从行为角度研究语言使用的新道路。作为奥斯汀言语行为理论的杰出后继人,语言哲学家塞尔在六七十年代修正了奥斯汀理论中的失误,并且有创见性地提出了言语交际应遵守的构成规则和在言语交际中起重要作用的间接言语行为理论,使言语行为理论趋于完善化、系统化,成为解释人类言语交际的一种重要的、有效的理论。

七　会话结构

语用学为什么要研究会话结构(conversational structure)？列文森明确指出："语用结构的各个方面都是以运用中的会话为中心组织起来的。"(Levinson,1983:284)当然,话语不限于会话,但会话是人类最原始的语言使用形式,会话是话语最基本、最重要的形式。通过对会话结构的分析,可以揭示会话构成的规律,解释自然会话的连贯性,有益于话语意义的准确理解。

应该说明:会话分析(conversation analysis)是由一群社会学家如萨克斯(Sacks)、谢格罗夫(Schegloff)、杰弗逊(Jefferson),即通常所说的"民族方法论者"(ethnomethodologists)在20世纪60年代末到70年代初开创的。"民族方法论"(ethnomethodology)研究"民族"(ethnic)即社会成员自身产生和理解社会交互作用的各种方法。在研究中,他们从大量的自然会话语料出发,把重点放在材料(包括录音和自然会话的记录)和材料中反复出现的模式上。分析方法甚为严谨。会话分析的标记法列举如下(Levinson,1983:369-370):

//	表示从这一点开始接下去说的话跟下一行记录的话交迭
*	表示说话交迭终止的一点
::	表示音节拖长
斜体	表示在音强、音高、音长上重读的音节
大写	表示语音较强的部分
(( ))	表示记录者不想深入考虑的现象或某些非言语行为等
( )	表示记录中不能肯定的部分
?	表示语调上升
.	表示语调下降

, 　　表示语调保持不变
(0.0) 表示大致相当几百毫秒时长的停顿或间隙
== 　　表示前后说的话紧紧相连,无间隙
→ 　　注意跟讨论直接有关的现象的定位
hh 　　表示可以听到的出气声;.hh 表示吸气声

列文森对"民族方法论者"的研究工作给予肯定的评价,并对会话结构分析进行了系统的总结,使之进一步完善。

列文森认为,"研究会话结构的正确方法是经验的方法"(Levinson,1983:285)。列文森指出:尽管语用学产生的背景主要是哲学传统,但这种哲学传统今后将让位于对语言使用更加以经验为依据的研究,利用内省材料进行的概念分析将让位于以观察为依据的细致的归纳工作。这就是说,语用学研究应该采用以经验为基础的归纳法,从大量的会话素材中找出反复出现的模式,归纳出规律,提炼出理论来。因为语用学在本质上属于经验科学。

还应该指出:会话涉及许多因素(包括语言之外的因素),因此,不能期望会话分析像句子结构分析那样严谨。

下面,我们谈谈会话结构必须研究的几个问题。

7.1　轮流说话(turn-taking)

眼明心细的人不难发现:会话过程中很少出现两个人或几个人同时说话的情况。我们如何科学地解释这种现象呢?研究者指出,会话的特点是轮流说话:一次会话至少得由两轮话组成,A 先说,停下来后,B 再接着说,两人对话的分布是 A—B—A—B—A—B。萨克斯、谢格罗夫、杰弗逊(Sacks, Scheglof & Jefferson, 1974)提出,支持轮流说话的机制是一套依次选用的规则,这套规则只对会话中的轮流交替起作用,因此叫作"局部支配系统"。受支配的最小单位是会话中的一个话轮(a turn):即说话人的话从开始到结束。一个说话人最初只被分派给这样的一个单位(话轮)。这个单位的终止就是可以变换说话人的位置,叫作"转换关联位

置"(transition relevance place,简称 TRP)。在"转换关联位置",支配轮流说话的规则开始起作用。这种轮流单位必须具有这样的特征:能预测它的终止位置;能在单位以内具体表明终止时邀请哪一个人接着说话。选择下一个说话人的具体方法中比较直接的有:提问(提议或要求等)加上称呼语;肯定尾句加上称呼语;各种证实听觉和理解的话(如:"Who?"(谁?)、"You did what?"(你干了什么?)、"Pardon?"(对不起,你说什么?)等),这些话选择原先的说话人继续为下一个说话的人。

轮流说话的规则是(C 指当时的说话人,N 指下一个说话人,TRP 指一个轮流结构单位的可识别的终止位置)(Levinson,1983:298):

规则 1:应用于第一个 TRP(不论从哪个话轮开始)

(a) 如果 C 在当时一个话轮中选择 N,那么 C 必须停止说话,N 必须接着说话,转换出现在选择 N 后的第一个 TRP;

(b) 如果 C 没有选择 N,那么任何其他的参与者都可以自我选择,谁先说话谁就获得说下一轮话的权利;

(c) 如果 C 没有选择 N,也没有其他的参与者按(b)作自我选择,那么 C 可以(不是必须)继续说话(即要求获得继续说下一轮话的权利)。

规则 2:应用于以后的每一个 TRP

在 C 已经应用规则 1(c)后,规则 1(a)—(c)适用于下一个 TRP,并反复适用于下下一个 TRP,直到实现说话人的转换为止。

以上规则能解释轮流说话的一些特点。首先,在一次会话中的一个时间里一般只有一个人说话。如果发生两个人说话的交迭,至少在大多数情况下,交迭的位置可以预测:或发生在竞相开口说话的场合,这是规则 1(b)所允许的,例如:

〈1〉J:Twelve pounds I think wasn't it. =

(是 12 磅,我想,不是吗?)

D:=// Can you bel*ie*ve it?

(这你能相信吗?)

L:Twelve pounds on the Weight Watchers' scale.

(在"减肥者"磅秤上12磅。)

或发生在对 TRP 作出错误判断的场合,有尾加短语或称呼语的情形,例如:

⟨2⟩ A:Uh *you* been down here before//havenche.

(嗯,你过去下来过,不是吗?)

B: Yeah.

(是的。)

以上规则还可以区分非故意的交迭(如⟨1⟩和⟨2⟩)和粗鲁的介入,例如:

⟨3⟩ C:We:ll I wrote what I thought was a a-a

rea:s'n//ble explana-tio:n

(哎,我写了——一种我认为是合理的解释)

→F: I:think it was a *very* rude le:tter

(我认为这是一封很粗鲁的信)

言语交际中可能出现沉默。根据以上规则可以把沉默(没有人说话)区分为间隙(gap)、间隔(lapse)和有原因的沉默(significant or attributable silence)。

进一步的研究表明:当说话发生交迭时,有一个解决交迭的系统起作用。首先,交迭一旦发生,一般是有一个说话人立即停止说话;其次,在一个说话人停止说话后,继续说话的人一般要重复由于交迭而未被听话人听清楚的那些话;最后,如果没有人立即停止说话,则会有人通过增加音强、减慢速度、延长元音等方式竞获发言权。

下面,我们选录曹禺剧本《北京人》中以愫方婚事为话题的一席会话,把它作为汉语轮流说话的一个样品作一分析。

《北京人》(《曹禺剧本选》,人民文学出版社,1954)有关部分选录:

思 (提出正事)媳妇听说袁先生不几天就要走了,不知道愫妹妹的婚事爹觉得——

皓　（摇头,轻蔑地）这个人,我看——
　　江泰早猜中曾皓的心思,异常不满地由鼻孔"哼"了一声。
皓　（回头望江泰一眼,气愤地立刻对那正要走开的愫方）好,愫方,你别走。趁你在这儿,我们大家谈谈。
愫　我要给姨父煎药去。
江　（善意地嘲讽）咳,我的愫小姐,这药你还没有煎够?（迭连快说）坐下,坐下,坐下,坐下。
　　愫方又勉强坐下。
皓　愫方,你觉得怎么样?
　　愫方低头不语。
皓　愫,你自己觉得怎么样?不要想到我,你应该替你自己想,我这个当姨父的,恐怕也照拂不了你几天了,不过照我看,袁先生这个人哪——
思　（连忙）是呀,愫妹妹,你要多想想,不要屡次辜负姨父的好意。以后真是耽误了自己——
皓　（也抢着说）思懿,你让她自己想想。这是她一辈子的事情,答应不答应都在她自己,（假笑）我们最好只做个参谋。愫方,你自己说,你以为如何?
江　（忍不住）这有什么问题?袁先生并不是个可怕的怪物!他是个研究人类学的学者,第一人好,第二有学问,第三有进款,这,这是自然——
皓　（带着那种"稍安毋躁"的神色）不,不,你让她自己考虑。（转对愫方,焦急地）愫方,你要知道,我就有你这么一个姨侄女,我一直把你当我的亲女儿一样看,不肯嫁的女儿,我不是也一样养么?——
思　（抢说）就是啊,我的愫妹妹,嫁不了的女儿也不是——
　　文清再也忍不下去,只好拔起脚就向书斋走——
思　（斜睨着文清）咦,走什么?走什么?
　　文清不顾,由书斋小门下。
皓　文清怎么?

思　(冷笑)大概他也是想给爹煎药呢！(回头对愫方又万分亲热地)愫妹妹,你放心,大家提这件事也是为着你想。你就在曾家住一辈子谁也不能说半句闲话。(阴毒地)嫁不出去的女儿不也是一样得养么？何况愫妹妹你父母不在,家里原底就没有一个亲人——

皓　(当然听出她话里的根苗,不等她说完——)好了,好了,大奶奶,请你不要说这么一大堆好心话吧。

　　思懿的脸突然罩上一层霜。

皓　(转向愫方)那么愫方,你自己有个决定不？

思　(着急,对愫方)你说呀！

彩　(听了半天,一直都在点头,突然也和蔼地)说吧,愫妹妹,我看——

江　(猝然,对自己的妻)你少说话！

　　文彩嘿然,愫方默默立起,低头向通大客厅的门走。

皓　愫方,你说话呀,小姐。你也说说你的意见呀。

愫　(摇头)我,我没意见。(由通大客厅的门下。)

皓　哎,这种事怎么能没有意见呢？

江　(耐不下)你们要我说话不？

皓　怎么？

江　要我说,我就说。不要我说,我就走。

皓　好,你说呀,你当然可以说说你的意见。

江　(痛痛快快)那我就请你们不要再跟愫方为难,愫方心里怎么回事,难道你们看不出来？为什么要你一句我一句欺负一个孤苦伶仃的老小姐？为什么——

思　欺负？

彩　江泰。

江　(盛怒)我就是说你们欺负她,她这些年侍候你们老的少的,活的,死的,老太爷,老太太,少奶奶,小少爷,一直都是她一个人管。她现在已经过了三十,为什么还拉着她,不放她,这是干什么？

皓　你——

彩　江泰!

江　难道还要她陪着一同进棺材,把她烧成灰供祖宗? 拿出点良心来! 我说一个人要有点良心。

上面选录的这一席会话,很像是以愫方的婚事为话题、有数人参与的一次讨论会,皓(曾皓,北京一位旧世家老人,一家之主)是讨论会的主持人。正在说话的人可以指定下一个接着说话的人,参与者也可以各自争取发言权,也可以插话。例如:

〈4〉思　(提出正事)媳妇听说袁先生不几天就要走了,不知道愫妹妹的婚事爹觉得——

皓　(摇头,轻蔑地)这个人,我看——

说话人思懿点明话题(愫妹妹的婚事)并指定下一位说话人是公爹,公爹曾皓接着说话。在思懿和曾皓的两个话轮的转接处是转换关联位置(TRP)。

〈5〉皓　好,愫方,你别走。趁你在这儿,我们大家谈谈。

愫　我要给姨父煎药去。

曾皓让"大家谈谈","这"大家"包括愫方,但并未指定愫方必须首先发言。愫方为婉拒留下来参与讨论的要求,机智地自我选择首先发言的权利。

〈6〉皓　(摇头,轻蔑地)这个人,我看——

皓　好,愫方,你别走。趁你在这儿,我们大家谈谈。

曾皓对愫方和袁先生的婚事不明确表态,留出空白,希望别人说话。但在场的人没人说话,因此,曾皓只好继续说话。

〈7〉皓　愫,你自己觉得怎么样? 不要想到我,你应该替你自己想,我这个当姨父的,恐怕也照拂不了你几天了,不过照我看,袁先生这个人哪——

思　(连忙)是呀,愫妹妹,你要多想想,不要屡次辜负姨父的好意。以后真是耽误了自己——

七 会话结构 173

曾皓不愿明确表态,叫愫方自己谈对婚事的意见。愫方尚未开口,思懿却强行粗鲁地介入。

〈8〉皓 (也抢着说)思懿,你让她自己想想。这是她一辈子的事情,答应不答应都在她自己,(假笑)我们最好只做个参谋。愫方,你自己说,你以为如何?

江 (忍不住)这有什么问题?袁先生并不是个可怕的怪物!他是研究人类学的学者,第一人好,第二有学问,第三有进款,这,这是自然——

曾皓抢先发言制止思懿继续说下去,再次叫愫方自己表态。愫方尚未开口,江泰抢先表明见解。

思懿的强行粗鲁介入和江泰的抢先发言,意思都是主张促成愫方和袁先生的婚事,尽管思懿和江泰促成这一婚事的目的完全不同。

〈9〉皓 (带着那种"稍安毋躁"的神色)不,不,你让她自己考虑。(转对愫方,焦急地)愫方,你要知道,我就有你这么一个姨侄女,我一直把你当我的亲女儿一样看,不肯嫁的女儿,我不是也一样养么?——

 ……

思 愫妹妹,你放心,大家提这件事也是为着你想。你就在曾家住一辈子谁也不能说半句闲话。(阴毒地)嫁不出去的女儿不也是一样得养么?

曾皓说"我一直把你当我的亲女儿一样看,不肯嫁的女儿,我不是也一样养么?——",明显地表示他不想让愫方出嫁。思懿理解了曾皓的真实意图,赶紧把"不肯嫁的女儿"换为"嫁不出去的女儿"来挖苦愫方,一心想早点把她嫁出去。

〈10〉江 (耐不下)你们要我说话不?

 ……

皓 好,你说呀,你当然可以说说你的意见。

江 (痛痛快快)那我就请你们不要再跟愫小姐为难,愫方心里

> 怎么回事,难道你们看不出来?为什么要你一句我一句欺负一个孤苦伶仃的老小姐?

江泰忍耐不住,争取发言权,主持人曾皓同意他发言。于是江泰发言愤怒地指责曾家欺负老小姐愫方的丑恶行径。综观上下文,曾皓不愿让愫方出嫁是为了让她侍候曾家老少,特别是他自己;思懿一心想早点把愫方嫁出去是因为她为丈夫文清与表妹愫方的亲密关系吃醋。曾家人各自从自身利益出发考虑愫方的婚事,从本质上看,都是欺负愫方。

7.2 相邻对(adjacency pair)

"相邻对"这一概念对揭示会话结构有重要作用。

最典型的相邻对是问/答、问候/问候、提议/认可或拒绝、道歉/抚慰等。谢格罗夫和萨克斯提出相邻对有以下特征(见 Levinson,1983:303-304):

"相邻对"是一前一后两轮话,这两轮话是:

(i) 邻接的;

(ii) 由两个说话人分别说出的;

(iii) 分为始发语和应答语;

(iv) 有一定的类型,即始发语要有特定的应答语相匹配,例如:
问候/问候、提议/认可或拒绝。

有一条规则支配相邻对:在说出相邻对的始发语后,该说话人必须停止说话,下一个说话人此时必须说出这个相邻对的应答语。例如:

问/答相邻对:

〈11〉孟小樵　你都到过哪儿呀?
　　　破风筝　武汉,重庆,成都,昆明,桂林,倒真开了眼!

——老舍《方珍珠》

问候/问候相邻对:

〈12〉王二婶　齐大妈,您早!

　　　　齐　母　您早,二婶!
　　　　　　　　　　　　　　　　　　——老舍《女店员》

提议/认可或提议/拒绝相邻对：

提议/认可：

〈13〉张　山　星期天咱们一起去香山赏红叶好吗?
　　　李　云　好主意!

提议/拒绝：

〈14〉齐凌云　妈,跟我去吧!
　　　齐　母　我不去!
　　　　　　　　　　　　　　　　　　——老舍《女店员》

道歉/抚慰相邻对：

〈15〉孙小姐道:"赵先生,我真抱歉——。"辛楣道:"哪里的话!今天我是虚邀,等你身体恢复了,过天好好的请你。"
　　　　　　　　　　　　　　　　　　——钱钟书《围城》

由此看来,相邻对是会话结构的一种基本单位。但是,前面列出的相邻对的几条特征却不是无可挑剔的。首先,"邻接"这个条件过严,因为经常出现"插入序列"(insertion sequence)的情形,例如,在一问一答之间插入另一个一问一答(Q^1 表示第一问,A^1 表示第一答,依此类推)。

〈16〉A：May I have a bottle of Mich? ((Q^1))
　　　（我可以来一瓶米基酒吗?）
　　　B：Are you twenty one? ((Q^2))
　　　（你到 21 岁了吗?）
　　　A：NO. ((A^2))
　　　（不到）
　　　B：No. ((A^1))
　　　（不行）

B 对于 A 提出的买一瓶米基酒的要求(用 Q^1 表示)没有立刻认可或拒绝,

而是向 A 提了个问题(用 Q^2 表示);待 A 回答了这个问题之后,B 才对 A 的要求作答。

又如,在一问一答之间插入一个"缓答/认可"的相邻对:

⟨17⟩ B：U：hm (.) what's the price now eh with V. A. T. do you know eh

(呃,现在 V.A.T 涂料,呃,价格是((Q^1))多少,你知道吗?)

A：Er I'll just work that out for you=

((缓答))(哦,我就为你算一算)

B：=Thanks

((认可))(谢谢)

A：Three pounds nineteen a tube sir

((A^1))(每管 3 镑 19 便士,先生)

言语交际中,在始发语和应答语之间插入各种长短不等的序列的情形是常见的。例如:

⟨18⟩ 小二德子　大拴哥,你拿两块吧!没钱,我白喝你的茶;有钱,我给你!你拿吧!(吹一块,放在耳旁听听)这块好,就一块当两块吧,给你!

王 大 拴　(没接钱)小二德子,什么生意这么好啊?现大洋不容易看到啊!

小二德子　念书去了!

王 大 拴　把"一"字都念成扁担,你念什么书啊?

小二德子　(拿起桌上的壶来,对着壶嘴喝了一气,低声说)市党部派我去的,法政学院。没当过这么美的差事,太美,太过瘾!比在天桥好的多!打一个学生,五毛现洋!昨天揍了几个来着?

王 大 拴　六个。

小二德子　对!里边还有两个女学生!一拳一拳地下去,太美,太过瘾!大拴哥,你摸摸,摸摸!(伸臂)铁筋洋灰的!用这个揍男女学生,你想想,美不美?

......
　　　　王 大 拴　　打女学生的钱，我不要！

——老舍《茶馆》

这里，基本类型是个提议/拒绝相邻对："大拴哥，你拿两块（钱）吧！"/"打女学生的钱，我不要！"但在实际言语交际中，相邻对的应答语并未在始发语之后紧接着出现，而是在始发语和应答语之间加上了一个很长的插入序列。

既然"邻接"这个条件过严，就有必要用一个新的概念，即"有条件的关联"(conditional relevance)来取代，就是说，相邻对必须满足的条件是：应答语跟始发语之间有直接的联系，而且应答语在期待之中。如果应答语没有紧接着出现，出现的是另一轮始发语，那么它可以被当作应答语出现以前的预备性相邻对的一部分。这个概念清楚地说明：把相邻对的始发语和应答语联系在一起的并不是那种规定有一问必有一答的组成规则，而是始发语所引起的一些特定的期待。

此外，我们还得研究一下可以跟始发语匹配成对的应答语的范围问题。事实上，跟问话相配的除了回答之外，还可以有许多别的应答语，例如：声称不知道，转移提问对象（如"这个问题你去问张三"），拒绝回答等。为了解决这些问题，有人提出了"优选结构"(preference organization)的思想，其中心意思是：相邻对中所有可能跟始发语配对的应答语并不具有同等地位，有一组优选结构在起作用，即各种可能的应答语中至少有一类是"合意的"(preferred，即听话人的应答能满足说话人发话的期待)，有一类是"不合意的"(dispreferred，即听话人的应答不是说话人所期待的)。这里所说的"合意性"是一个结构上的概念，相当于语言学中的"标记性"(markedness)概念。实质上，合意的应答语是无标记的——在结构上以较简单的一轮话出现，例如：

　　〈19〉Child：Could you .hh could you put on the light for my .hh room
　　　　　　（您能——您能为我把房间的灯开亮吗？）
　　　　Father：Yep
　　　　　　（行。）

〈20〉 A: Her performance last night was fantastic, wasn't it?

（昨晚她的表演棒极了，是吧？）

B: Absolutely.

（的确如此。）

请注意：例〈19〉中，父亲对孩子的请求没有较长的迟延就表示同意，用的是最简单的应答形式：Yep。例〈20〉中，B 的应答完全赞同 A 对某女士表演的评价。而不合意的应答语是有标记的——在结构上有各种复杂的形式。在说出不合意的应答语之前，一般总是：(a)有较长的迟延；(b)有标记不合意性的前导语，通常是 Well；(c)对不能说出合意的应答语作出解释。例如：

〈21〉 A: English is easier to learn than Russian

（英语比俄语容易学。）

B: Well, On the whole, but the spelling is troublesome

（嗯，总的来说是这样，但英语的拼法很麻烦。）

〈22〉 C: Um I wondered if there's any chance of seeing you tomorrow sometime (0.5) morning or before the seminar

（嗯，不知有无机会在明天早晨或讨论会之前有点时间跟您见面。）

(1.0)

→ R: Ahum (.) I doubt it

（啊，嗯，可能不行。）

C: Uhm huh?

（嗯，啊？）

R: The reason is I'm seeing Elizabeth.

（因为我得见伊丽莎白。）

请注意：例〈21〉中，听话人使用了不合意的前导语 Well，并作出与听话人 A 不同的估价。例〈22〉中，接电话人对打电话人提出的约会请求表示拒绝是在一秒钟迟延之后，还加上另外几个迟延成分(ahum,瞬时停顿)；拒绝的形式也不是最简单的(不用 No,而用了 I doubt it)；接着还说明了拒绝约会的原因。所以,可以这样说:对于提出的"请求",表示同意是"合意的"应答语,表示拒绝是"不合意的"应答语。

7.3 修正机制(repair apparatus)

人们会话是口头交际,随想随说,思考不周或口误在所难免。因此,需要及时补充、修正。

修正机制具有以下特征:首先,它在一个至少由三个话轮组成的序列中有规律地提供几个空档(机会),可以在这些空档里进行修正或促使对方修正(T_1 表示第一话轮,T_2 表示第二话轮,T_3 表示第三话轮):

T_1(包括可修正的话)=第一次机会:主动自我修正
T_1 和 T_2 的过渡间隔=第二次机会:主动自我修正
T_2= 第三次机会:对方主动修正或促使对方在 T_3 作自我修正
T_3= 第四次机会:在 T_2 对方的促使下作自我修正

各次机会修正举例(英语例子见 Levinson,1983:340):
在第一次机会作主动自我修正:

〈23〉N:She was givin' me a:ll the people that were go:ne
→ this yea:r I mean this quarter y'//know
(她要把那些人全给我,他们今年都走了,我是说这个季度,你知道)

J: Yeah

(我知道)

〈24〉"可是,战败者常常得到旁人更大的同情——"唐小姐觉得这话会引起误会,红着脸——"我的意思是说,表姐也许是赞助弱小民族的。"

——钱钟书《围城》

在第二次机会作主动自我修正:

〈25〉L:An 'en but all of the doors 'n things were taped up=
=I mean y' know they put up y' know that kinda paper 'r

stuff, the brown paper.

(但是所有的门和东西都贴了封条,你知道我是说他们贴上了你知道那种褐色的纸一样的东西。)

〈26〉"我只顾交代我降生的月、日、时,可忘了说是哪一年!那是有名的戊戌年啊!戊戌政变。"

——老舍《正红旗下》

在第三次机会对方主动进行修正:

〈27〉A: Lissena *pig*eons.

(听,鸽子。)

→B: Quail, I think.

(是鹌鹑,我觉得。)

〈28〉白花蛇　明天晚上的文艺座谈会,应该谁去参加?请反感意见。

方珍珠　"反映",不是反感!二叔!

——老舍《方珍珠》

或者,在第三次机会促使对方作出自我修正:

〈29〉A: Have you ever tried a clinic?

(诊疗所你试过没有?)

B: *What*?

(什么?)

A: Have you ever tried a hospital?

(医院你试过没有?)

〈30〉老张:老李你最近去过证券(zhèngjuàn)交易所吗?

老李:什么?

老张:证券(zhèngquàn)交易所。

在第四次机会在对方促使下作自我修正:

〈31〉B: .hhh Well I'm working through the Amfat Corporation.

(嗯,我正在清查阿木法特公司。)

→A: The *who*?

（清查谁?）
→ B：Amfat corporation. T's a holding company.
（阿木法特公司,这是一家控股公司。）

〈32〉老王：我国正申请加入 WTO。
老赵：什么?
老王：WTO! 是"世界贸易组织"。

其次,修正机制也是一个优选结构(preference organization)。优选的等级次序是(Levinson,1983:341)：

(1) 在第一次机会作主动自我修正；
(2) 在第二次机会(转换位置)作主动自我修正；
(3) 在第三次机会促使对方在下一轮话作自我修正；
(4) 在第四次机会在对方促使下作自我修正。

这个优选等级次序体现了从最常用的修正手段逐步降至最不常用的修正手段,即人们倾向于主动自我修正(在第一、二次机会进行),如果发现说话人未利用前两次机会对出现的问题作自我修正,在多数情况下,宁肯发出一个信号来促使对方在下一轮话自我修正,也不愿代对方作出修正。偶尔不得已而代对方修正时,一般后面总要带上一个调节语,如 I think (我想,我觉得),或者前面加上一个 y'mean(你是说)等。总之,修正机制强烈地倾向于主动修正和自我修正,因为交际应该遵守礼貌准则,给说话人留面子。

7.4 预示序列(pre-sequence)

预示序列是说话人在以言行事之前用以探听虚实的一类话语。说话人使用这类话语的主要动机是考察有无向听话人实施某一言语行为的可能性,即说话人实施某一言语行为能否从听话人那里得到"期待的"反应。预示序列是为表达"邀请"、"请求"、"宣告"等语力的最典型的会话结构格式。

预示序列主要分为以下几类：

(1) 邀请预示序列(pre-invitation)

⟨33⟩ A：Whatcha doin'?
    （你在干什么？）
    B：Nothin'
    （没干什么。）
    A：Wanna a drink?
    （想喝一杯吗？）

⟨34⟩ 鸿渐道："苏小姐，……明天晚上你有空么？我想请你吃晚饭，就在峨嵋春，……"

——钱钟书《围城》

这类例子表明，说话人的发话是探听有无向听话人发出邀请的可能性。听话人理解说话人发的话是个邀请预示序列，因此，听话人的回答必定尽量跟说话人接着可能发出的邀请相协调。

(2) 请求预示序列(pre-request)

⟨35⟩ C：Do you have the blackberry jam?
    （有黑莓酱吗？）
    S：Yes
    （有）
    C：Okay. Can I have a pint then?
    （好，我来一品脱，行吗？）
    S：Sure
    （当然）

⟨36⟩ 平海燕　告诉我点你的事好不好？
    王新英　你问吧，同志！
    平海燕　你的父亲叫王利仁，十五年前死在外边了？
    王新英　对！
    平海燕　你的祖母把你留下，可把你妈妈跟姐姐都轰了出去？
    王新英　也对！

——老舍《全家福》

请求预示序列的结构一般分为四个级位,例如:

〈37〉级位1,A:Hi. Do you have uh size C flashlight batteries?
（嗨,有C号电筒电池吗?）〈请求预示序列〉

级位2,B:Yes Sir
（有,先生）〈有什么要求,请说〉

级位3,A:I'll have four please.
（请给我四节。）〈提出要求〉

级位4,B:((turns to get))
((转身去取))〈反应〉

在这样的情况下,使用预示序列的一个主要原因是说话人想凭借它来探听即将发出的请求能否得到"合意的"反应(不被听话人拒绝)。

假定你在商店买东西,"合意的"反应就是售货员主动提出可以供应,例如:

〈38〉C:Do you have pecan Danish today?
（今天有丹麦山核桃吗?）

→S:Yes we do. Would you like one of those?
（有。你想要一袋吗?）

C:Yes please
（请来一袋）

S:Okay
（好）

(3) 宣告预示序列(pre-announcement)

〈39〉D:I forgot to tell you the two best things that happen' to me today.
（我忘了告诉你我今天的两件好事儿。）

R:Oh super＝What were they?
（哦,想是——两件什么事儿?）

D:I got a B$^+$ on my math test... and I got an athletic award.
（数学测验我得了B$^+$,还得了体育运动奖。）

〈40〉赵　老　　四奶奶,再告诉你个喜信!
　　　四　嫂　　什么喜信啊?
　　　赵　老　　测量队到了,给咱们看地势,好修沟!
　　　四　嫂　　修沟? 修咱们的龙须沟?
　　　赵　老　　就是! 修这条从来没人管的臭沟!

——老舍《龙须沟》

宣告预示序列由两轮互相交迭的相邻对组成,第一轮相邻对的应答语跟第二轮相邻对的始发语重合为一轮话(R 说的活)。第一轮话一般至少具有以下几种特征中的一个特征:

① 说明宣告的内容是什么种类(例如:消息类)。
② 对宣告的内容作出评价(例如:好消息或坏消息)。
③ 往往说明信息的日期。
④ 一般要有一个未知项。这很重要,因为要宣告的内容正是有关这个未知项的。

第一轮话的设计是关键,例如〈39〉,其中的"the two best things that happen' to me today"是经过精心设计的,它预示即将宣布的内容是:两件事儿,好事儿,今天发生的事儿。使用这种预示序列的主要动机是:说话人总是希望不要把听话人已知的事情再告诉听话人。因此,第一轮话的结构是这样设计的:提供一个已知信息的框架和一个未知项,对这个未知项所要作出的说明是新信息。

7.5　总体结构(overall organization)

总体结构问题比较复杂,到目前为止,国内外对这个问题研究得还不够深入。在总体结构中,目前研究得比较充分、也是最典型的一类会话是打电话。

在现代社会里,打电话是最重要、最便捷的交际方式之一。会打电话不难,把电话打好则颇有学问:它要求精心安排谈话内容,说话得体,确保交际效果好,办事效率高。

必须指出：在会话结构中，打电话虽说是最典型的一种总体结构，但是，只研究这种结构是很不够的，我们必须得拓宽研究范围，从而把总体结构的研究向前推进一步。下面，我们选录曹禺剧本《雷雨》中周朴园（朴，资本家，某煤矿公司董事长）和鲁侍萍（鲁，三十年前周朴园的"情人"，后为某学校校佣）在周公馆客厅里"相认和算旧账"的一大段对话，把它作为整体结构的一个样品作一分析。

《雷雨》（《曹禺剧本选》，人民文学出版社，1954）有关部分选录：

朴　你——你贵姓？
鲁　我姓鲁。
朴　姓鲁。你的口音不像北方人。
鲁　对了，我不是，我是江苏的。
朴　你好像有点无锡口音。
鲁　我自小就在无锡长大的。
朴　(沉思)无锡？嗯，无锡，(忽而)你在无锡是什么时候？
鲁　光绪二十年，离现在有三十多年了。
朴　哦，三十年前你在无锡？
鲁　是的，三十多年前呢，那时候我记得我们还没有用洋火呢。
朴　(沉思)三十多年前，是的，很远啦，我想想，我大概是二十多岁的时候。那时候我还在无锡呢。
鲁　老爷是那个地方的人？
朴　嗯，(沉吟)无锡是个好地方。
鲁　哦，好地方。
朴　你三十年前在无锡么？
鲁　是，老爷。
朴　三十年前，在无锡有一件很出名的事情——
鲁　哦。
朴　你知道么？
鲁　也许记得，不知道老爷说的是哪一件？
朴　哦，很远了，提起来大家都忘了。

鲁　说不定，也许记得的。

朴　我问过许多那个时候到过无锡的人，我也派人到无锡打听过。可是那个时候在无锡的人，到现在不是老了就是死了。活着的多半是不知道的，或者忘了。不过也许你会知道。三十年前在无锡有一家姓梅的。

鲁　姓梅的？

朴　梅家的一个年轻小姐，很贤慧，也很规矩。有一天夜里，忽然地投水死了。后来，后来，——你知道么？

鲁　不敢说。

朴　哦。

鲁　我倒认识一个年轻的姑娘姓梅的。

朴　哦？你说说看。

鲁　可是她不是小姐，她也不贤慧，并且听说是不大规矩的。

朴　也许，也许你弄错了，不过你不妨说说看。

鲁　这个梅姑娘倒是有一天晚上跳的河，可是不是一个，她手里抱着一个刚生下三天的男孩。听人说她生前是不规矩的。

朴　（苦痛）哦！

鲁　她是个下等人，不很守本分的。听说她跟那时周公馆的少爷有点不清白，生了两个儿子。生了第二个，才过三天，忽然周少爷不要她了。大孩子就放在周公馆，刚生的孩子她抱在怀里，在年三十夜里投河死的。

朴　（汗涔涔地）哦。

鲁　她不是小姐，她是无锡周公馆梅妈的女儿，她叫侍萍。

朴　（抬起头来）你姓什么？

鲁　我姓鲁，老爷。

朴　（喘出一口气，沉思地）侍萍，侍萍，对了。这个女孩子的尸首，说是有一个穷人见着埋了。你可以打听到她的坟在哪儿么？

鲁　老爷问这些闲事干什么？

朴　这个人跟我们有点亲戚。

鲁　亲戚？
朴　嗯，——我们想把她的坟墓修一修。
鲁　哦，——那用不着了。
朴　怎么？
鲁　这个人现在还活着。
朴　（惊愕）什么？
鲁　她没有死。
朴　她还在？不会吧？我看见她河边上的衣服，里面有她的绝命书。
鲁　她又被人救活了。
朴　哦，救活啦？
鲁　以后无锡的人是没有见着她，以为她那夜晚死了。
朴　那么，她呢？
鲁　一个人在外乡活着。
朴　那个小孩呢？
鲁　也活着。
朴　（忽然立起）你是谁？
鲁　我是这儿四凤的妈，老爷。
朴　哦。
鲁　她现在老了，嫁给一个下等人，又生了个女孩，境况很不好。
朴　你知道她现在在哪儿？
鲁　我前几天还见着她！
朴　什么？她就在这儿？此地？
鲁　嗯，就在此地。
朴　哦！
鲁　老爷，您想见一见她么？
朴　（连忙）不，不，不用。
鲁　她的命很苦。离开了周家，周家少爷就娶了一位有钱有门第的小姐。她一个单身人，无亲无故，带着一个孩子在外乡，什么事都做：讨饭，缝衣服，当老妈子，在学校里伺候人。

朴　她为什么不再找到周家？

鲁　大概她是不愿意吧。为着她自己的孩子,她嫁过两次。

朴　嗯,以后她又嫁过两次。

鲁　嗯,都是很下等的人。她遇人都很不如意,老爷想帮一帮她么？

朴　好,你先下去吧。

鲁　老爷,没有事了？(望着周朴园,泪要涌出。)

朴　啊,你顺便去告诉四凤,叫她把我樟木箱子里那件旧雨衣拿出来,顺便把那箱子里的几件旧衬衣也捡出来。

鲁　旧衬衣？

朴　你告诉她在我那顶老的箱子里,纺绸的衬衣,没有领子的。

鲁　老爷那种绸衬衣不是一共有五件？你要哪一件？

朴　要哪一件？

鲁　不是有一件,在右袖襟上有个烧破的窟窿,后来用丝线绣成一朵梅花补上的？还有一件——

朴　(惊愕)梅花？

鲁　旁边还绣着一个萍字。

朴　(徐徐立起)哦,你,你,你是——

鲁　我是从前伺候过老爷的下人。

朴　哦,侍萍！(低声)是你？

鲁　你自然想不到,侍萍的相貌有一天也会老得连你都不认识了。

周朴园不觉地望望柜上的相片,又望鲁妈。半晌。

朴　(忽然严厉地)你来干什么？

鲁　不是我要来的。

朴　谁指使你来的？

鲁　(悲愤)命,不公平的命指使我来的！

朴　(冷冷地)三十年的工夫你还是找到这儿来了。

鲁　(愤怨)我没有找你,我没有找你,我以为你早死了。我今天没想到到这儿来,这是天要我在这儿又碰见你。

朴　你可以冷静点。现在你我都是有子女的人。如果你觉得心里有委屈,这么大年纪,我们先可以不必哭哭啼啼的。

鲁　哼，我的眼泪早哭干了，我没有委屈，我有的是恨，是悔，是三十年一天一天我自己受的苦。你大概已经忘了你做的事了！三十年前，过年三十的晚上我生下你的第二个儿子才三天，你为了要赶紧娶那位有钱有门第的小姐，你们逼着我冒着大雪出去，要我离开你们周家的门。

朴　从前的旧恩怨，过了几十年，又何必再提呢？

鲁　那是因为周大少爷一帆风顺，现在也是社会上的好人物。可是自从我被你们家赶出来以后，我没有死成，我把我的母亲可给气死了，我亲生的两个孩子你们家里逼着我留在你们家里。

朴　你的第二个孩子你不是已经抱走了么？

鲁　那是你们老太太看着孩子快死了，才叫我带走的。(自语)哦，天哪，我觉得我像在做梦。

朴　我看过去的事不必再提起来吧。

鲁　我要提，我要提，我闷了三十年了！你结了婚，就搬了家，我以为这一辈子也见不着你了；谁知道我自己的孩子偏偏要跑到周家来，又做我从前在你们家里做过的事。

朴　怪不得四凤这样像你。

鲁　我伺候你，我的孩子再伺候你生的少爷们。这是我的报应，我的报应。

朴　你静一静。把脑子放清醒点。你不要以为我的心是死了，你以为一个人做了一件于心不忍的事就会忘了么？你看这些家具都是你从前顶喜欢的东西，多少年我总是留着，为着纪念你。

鲁　(低头)哦。

朴　你的生日——四月十八——每年我总记得。一切都照着你是正式嫁过周家的人看，甚至于你因为生萍儿，受了病，要关窗户，这些习惯我都保留着，为的是不忘你，弥补我的罪过。

鲁　(叹一口气)现在我们都是上了年纪的人，这些话请你也不必说了。

朴　那更好了。那么我们可以明明白白地谈一谈。
鲁　不过我觉得没有什么可谈的。
朴　话很多。我看你的性情好像没有大改，——鲁贵像是个很不老实的人。
鲁　你不要怕，他永远不会知道的。
朴　那双方面都好。再有，我要问你的，你自己带走的儿子在哪儿？
鲁　他在你的矿上做工。
朴　我问，他现在在哪儿？
鲁　就在门房等着见你呢。
朴　什么？鲁大海？他！我的儿子？
鲁　就是他！他现在跟你完完全全是两样的人。
朴　（冷笑）这么说，我自己的骨肉在矿上鼓动罢工，反对我！
鲁　你不要以为他还会认你做父亲。
朴　（忽然）好！痛痛快快的！你现在要多少钱吧！
鲁　什么？
朴　留着你养老。
鲁　（苦笑）哼，你还以为我是故意来敲诈你，才来的么？
朴　也好，我们暂且不提这一层。那么，我先说我的意思。你听着，鲁贵我现在要辞退的，四凤也要回家。不过——
鲁　你不要怕，你以为我会用这种关系来敲诈你么？你放心，我不会的。大后天我就带着四凤回到我原来的地方。这是一场梦，这地方我绝对不会再住下去。
朴　好得很，那么一切路费，用费，都归我担负。
鲁　什么？
朴　这于我的心也安一点。
鲁　你？（笑）三十年我一个人都过了，现在我反而要你的钱？
朴　好，好，好，那么，你现在要什么？
鲁　（停一停）我，我要点东西。
朴　什么？说吧。
鲁　（泪满眼）我——我——我只想要见见我的萍儿。

朴　你想见他？

鲁　嗯，他在哪儿？

朴　他现在在楼上陪着他的母亲看病。我叫他，他就可以下来见你。不过是——(顿)他很大了，——(顿)并且他以为他母亲早就死了的。

鲁　哦，你以为我会哭哭啼啼地叫他认母亲么？我不会那样傻的。我难道不知道这样的母亲只给自己的儿子丢人么？我明白他的地位，他的教育，不容他承认这样的母亲。这些年我也学乖了，我只想看看他，他究竟是我生的孩子。你不要怕，我就是告诉他，白白地增加他的烦恼，他自己也不愿意认我的。

朴　那么，我们就这样解决了，我叫他下来，你看一看他，以后鲁家的人永远不许再到周家来。

鲁　好，我希望这一生不至于再见你。

朴　(由衣内取出支票，签好)这是一张五千块钱的支票，你可以先拿去用。算是弥补我一点罪过。

　　鲁妈接过支票，把它撕了。

朴　侍萍。

鲁　我这些年的苦不是你拿钱算得清的。

选录样品分析

　　上面选录的这一大段对话，包容了轮流说话、相邻对、插入序列、预示序列等会话结构所研究的主要内容及相应例证，且形式上衔接，意义上连贯，可以作为整体结构的样品来分析。

　　一席完整的对话，应当包括开端、本体、结尾三部分。上面选录的这一大段对话宜作如下分析：

开　端

　　从"朴　你——你贵姓？""鲁　我姓鲁"(这是典型的问/答相邻对)到"朴　你三十年前在无锡么？""鲁　是，老爷"为止，是上面选录的这一大段对话的开端部分。通过这部分的几轮对话，周朴园已经弄清楚了谈话对象的姓氏和她三十年前所住的地点。在此基础上，会话切入正题；本体部分。

本 体

从"朴 三十年前,在无锡有一件很出名的事情——"开始到"鲁 好,我希望这一生不至于再见你"为止,是上面选录的这一大段对话的本体部分。这部分涉及的内容很多,关系复杂,但会话结构安排得巧妙、明晰。

周朴园在和鲁侍萍的会话中,作者通过"你姓什么?"——"你是谁?"——"侍萍!是你?"等形式衔接标志有顺序、合情理地使周朴园确认面前的对话人就是三十年前他始乱终弃的侍萍。这在结构安排上是颇具匠心的。

  朴 三十年前,在无锡有一件很出名的事情——
  鲁 哦。
  朴 你知道么?

这是个预示序列:探听有无向听话人询问侍萍跳河后的下落的可能性。周朴园通过这一提问使对话切入正题:梅家小姐在三十年前的年三十夜跳河自杀及相关之事。

鲁氏作了详细、准确的回答(认识一位年轻的梅姑娘,但她不是一位小姐,而是一个下等人,并且不很守本分,跟当时周公馆的少爷有点不清白,给他生了两个儿子。后来,周家少爷忽然不要她了,逼得她抱着刚生下来才三天的第二个孩子于年三十夜投河自杀,她叫侍萍)。这一回答使周朴园疑心起来,他问:"你姓什么?"从开端部分的"你贵姓?"到本体部分的"你姓什么?"使周朴园确认侍萍的过程进了一步:"你贵姓?"只是会话开始时周朴园一种礼貌性的招呼语,而"你姓什么?"则表示周朴园怀疑面前这个如此详细、准确了解侍萍经历的人不是姓鲁而是姓梅,也许就是当年的侍萍。

鲁氏未承认自己是侍萍,只回答"我姓鲁"。于是周朴园询问侍萍的坟在哪儿。鲁氏不直接回答,从而在问—答之间生成一个插入序列:

  朴 你可以打听到她的坟在哪儿么?〈问〉
  鲁 老爷问这些闲事干什么?
  朴 这个人跟我们有点亲戚。

鲁　亲戚？
朴　嗯，——我们想把她的坟墓修一修。
鲁　哦，——那用不着了。
朴　怎么？
鲁　这个人现在还活着。
朴　（惊愕）什么？
鲁　她没有死。〈答〉

接着，鲁氏讲述了侍萍跳河后被人救出来，她抱着一起跳河的那个小男孩也还活着。这使周朴园进一步地问："你是谁？"从"你姓什么？"到"你是谁？"使"确认过程"又进了一步；疑心对话人就是当年的侍萍。

鲁氏仍未承认自己是侍萍，只回答"我是这儿四凤的妈"。但她继续讲述侍萍的故事：她已经老了，境况很不好，目前就在此地，并试探性地问"您想见一见她么？""老爷想帮一帮她么？"而周朴园的回答却是"不，不，不用"，"好，你先下去吧"。这不正好说明周朴园的虚伪和冷酷吗？周朴园口口声声说思念侍萍，甚至要给她修坟墓，但当有人告诉他侍萍就在此地时，他却既不想见也不愿帮。显然，周朴园说"你先下去吧"，是要结束对话。面对这种严重情况，鲁氏设法决意把对话继续下去，因为只有继续谈下去，才能使周朴园确认侍萍。于是，鲁氏巧妙地说了这样一句话："老爷，没有事了？"希望通过这句问话引出周朴园的一些话来。这句问话果然有效：周朴园命鲁氏告诉四凤找"旧雨衣"和"旧衬衣"。鲁氏敏捷地抓住这个难得的机会，在"旧衬衣"的有关细节上大做文章，以使周朴园确认自己就是当年的侍萍：

朴　你告诉她在我那顶老的箱子里，纺绸的衬衣，没有领子的。
鲁　老爷那种绸衬衣不是一共有五件？您要哪一件？
朴　要哪一件？
鲁　不是有一件，在右袖襟上有个烧破的窟窿，后来用丝线绣成一朵梅花补上的？还有一件——
朴　（惊愕）梅花？
鲁　旁边还绣着一个萍字。

通过对"旧衬衣"有关细节的精细陈述,鲁氏使周朴园说出"哦,侍萍!是你?"从而完全确认面前的对话人就是三十年前他曾经爱过的"死而复生"的侍萍。照常理,这对三十年未见,且日夜思念的情人肯定是流着喜悦的热泪激动地拥抱在一起了。但实际情况正好相反:是训斥,是严厉的质问。这充分显示出资本家周朴园的冷酷和专横:

朴　(忽然严厉地)你来干什么?

鲁　不是我要来的。

朴　谁指使你来的?

鲁　(悲愤)命,不公平的命指使我来的!

听!他们吵起来了,而且越吵越凶,矛盾白热化,从"相认"转到"算旧账":侍萍控诉周朴园带给她的恨、悔、苦:

朴　(冷冷地)三十年的工夫你还是找到这儿来了。

鲁　(愤怒)我没有找你,我没有找你,我以为你早死了。……

朴　你可以冷静点。……如果你觉得心里有委屈,这么大年纪,我们先可以不必哭哭啼啼的。

鲁　哼,我的眼泪早哭干了,我没有委屈,我有的是恨,是悔,是三十年一天一天我自己受的苦。你大概已经忘了你做的事了!三十年前,过年三十的晚上我生下你的第二个儿子才三天,你为了要赶紧娶那位有钱有门第的小姐,你们逼着我冒着大雪出去,要我离开你们周家的门。

朴　从前的旧恩怨,过了几十年,又何必再提呢?

鲁　那是因为周大少爷一帆风顺,现在也是社会上的好人物。可是自从我被你们家赶出来以后,我没有死成,我把我的母亲可给气死了,……
……

朴　我看过去的事不必再提起来吧。

鲁　我要提,我要提,我闷了三十年了!……

面对这种"算旧账"式的愤怒控诉,周朴园改变谈话策略,缓和已激化的矛盾,也显示出周朴园的虚伪与情爱交织的矛盾心情和侍萍的纯朴、善良：

  朴 你静一静。……你不要以为我的心是死了,你以为一个人做了一件于心不忍的事就会忘了么？你看这些家具都是你从前顶喜欢的东西,多少年来我总是留着,为着纪念你。

  鲁 (低头)哦。

  朴 你的生日——四月十八——每年我总记得。一切都照着你是正式嫁过周家的人看,甚至于你因为生萍儿,受了病,要关窗户,这些习惯我都保留着,为的是不忘你,弥补我的罪过。

  鲁 (叹一口气)现在我们都是上了年纪的人,这些话请你也不必说了。

  这里,周朴园和鲁氏的后一轮对话构成了道歉/抚慰相邻对。周朴园的罪过既然已经得到侍萍的谅解,他就把谈话的重点转向询问被侍萍带走的那个儿子的情况上来:

  朴 我要问你,你自己带走的儿子在哪儿？

  鲁 他在你的矿上做工。

  朴 我问,他现在在哪儿？

  鲁 就在门房等着见你呢。

  朴 什么？鲁大海？他！我的儿子？

  鲁 就是他！

  当周朴园得知煤矿罢工工人代表鲁大海就是他的二儿子的时候,首先是感到惊奇,随之对这个儿子就失去了兴趣。周朴园的谈话转到如何了结他和侍萍的"旧账"上来,他首先想到的是"钱"(在他看来,有钱能使鬼推磨):

  朴 痛痛快快的！你现在要多少钱吧！

  鲁 什么？

  朴 留着你养老。

  鲁 (苦笑)哼,你还以为我是故意来敲诈你,才来的么？

周朴园的法宝"钱"解决不了问题,于是问:

朴　那么,你现在要什么?

鲁　我,我要点东西。

朴　什么?说吧。

鲁　(泪满眼)我——我——我只想要见见我的萍儿。

作为母亲的侍萍,认为儿子比钱更重要(与周朴园形成鲜明对照)。周朴园同意侍萍见见儿子萍儿的要求,但有一个条件:不准让儿子认母亲。

朴　那么,我们就这样解决了,我叫他下来,你看一看他,以后鲁家的人永远不许再到周家来。

鲁　好,我希望这一生不至于再见你。

总之,本体部分这大段关系复杂的对话,在形式的衔接上和意义的连贯上,作者是颇具匠心的。

结　尾

朴　(由衣内取出支票,签好)这是一张五千块钱的支票,你可以先拿去用。算是弥补我一点罪过。

　　鲁妈接过支票,把它撕了。

朴　侍萍。

鲁　我这些年的苦不是你拿钱算得清的。

好!这是一个受欺辱、受压迫但有骨气的旧中国劳动妇女!说得多好哇:三十年的苦和泪,一个"钱"字怎能了结!这个结尾虽说显得急促,但强劲有力。

参考书目

Atlas, J. D. & S. C. Levinson (1981) It-clefts, Informativeness and Logical Form: Radical Pragmatics. In P. Cole (ed.) *Radical Pragmatics*. New York: Academic Press.

Attardo, S. (2003) On the Nature of Rationality in (Neo-Gricean) Pragmatics. *International Journal of Pragmatics*, 14, 3-20.

Austin, J. L. (1975) *How to Do Things With Words* (2nd Edition). Oxford: Clarendon Press.

Bach, K. (2003) *Speech Acts*. Routledge Encyclopedia of Philosophy.

Bar-Hillel, Y. (1954) Indexical Expressions. *Mind*, 63, 359-379.

Brown, G. & G. Yule (1983) *Discourse Analysis*. Cambridge: Cambridge University Press.

Carnap, R. (1948) *Introduction to Semantics*. Cambridge: MIT Press.

Carnap, R. (1956) *Meaning and Necessity* (2nd Edition). Chicago: University of Chicago Press.

Cosenza, G. (2001) *Paul Grice's Heritage*. Turnhout: Brepols.

Coulthard, M. (1977) *An Introduction to Discourse Analysis*. London and New York: Longman.

Davies, B. L. (2007) Grice's Cooperative Principle: Meaning and Rationality. *Journal of Pragmatics*, 39, 2308-2331.

Fillmore, C. (1971) *Santa Cruz Lectures on Deixis*. Reproduced, 1975. Bloomington, Indiana: IU Linguistics Club.

Firth, J. R. (1957) *A Synopsis of Linguistic Theory: Studies in Linguistic Analysis*. Oxford: Blackwell.

Frege, G. (1892) (1952 translated) On Sense and Reference. In P. T. Geach & M. Black (eds.), *Translations from the Philosophical Writings of Gottloh Frege*. Oxford: Blackwell.

Gazdar, G. (1979) *Pragmatics: Implicature, Presupposition and Logical Form*. New York: Academic Press.

Grice, H. P. (1957) Meaning. *Philosophical Rewiew*, 66, 377-388.

Grice, H. P. (1975) Logic and Conversation. In P. Cole. & J. Morgan (eds.) *Syntax and Semantics*, Vol. 3: *Speech Acts*. New York: Academic Press.

Haberland, H. & L. Mey (1977) Editorial: Linguistics and Pragmatics. *Journal of Pragmatics*, 1: 1-12.

Halliday, M. A. K. & R. Hasan (1976) *Cohesion in English*. London: Longman.

Horn, L. (1972) *On the Semantic Properties of Logical Operators in English*. Ph. D. Thesis, UCLA.

Horn, L. (1984) Toward A New Taxonomy for Pragmatic Inference: Q-based and R-based Implicature. In D. Schiffrin (ed.) *Meaning, Form, and Use in Context: Linguistic Applications*. Washington, D. C. : Georgetown University Press.

Horn, L. (2004) Implicature. In L. Horn & G. Ward (eds.) *The Handbook of Pragmatics*. Blackwell Publishing Ltd.

Hymes, D. (1972) Models of the Interaction of Language and Social Life. In J. Gumperz & D. Hymes (eds.) *Directions in Sociolinguistics: The Ethnography of Communication*. New York: Holt, Rinehart and Winston.

Hymes, D. (1974) *Foundations in Sociolinguistics*. Philadelphia: University of Pennsylvania Press.

Karttunen, L. (1973) Presupposition of Compound Sentences. *Linguistic Inquiry* 4, 169-193.

Karttunen, L. (1974) Presupposition and Linguistic Context. *Theoretical Linguistics*, 1, 181-194.

Karttunen, L. & S. Peters (1979) Conventional Implicature. In C. K. Oh & D. Dineen (eds.), *Syntax and Semantics* Vol. 11: *Presuppositions*. New York: Academic Press.

Kasher, A. (1976) Conversational Maxims and Rationality. In A. Kasher (ed.) *Language in Focus: Foundations, Methods and Systems*. Dordrecht Holland Reidel Publishing Company.

Katz, J. J. & D. T. Langendoen (1976) Pragmatics and Presupposition. *Language* 52, 1-17.

Keenan, E. (1971) Two Kinds of Presupposition in Natural Language. In C. Fillmore & T. Langendoen (eds.) *Studies in Linguistic Semantics*. New York: Holt, Rinehart & Winston.

Kempson, R. M. (1975) *Presupposition and the Delimitation of Semantics*. Cambridge: Cambridge University Press.

Langendoen, T. & H. Savin (1971) The Projection Problem for Presuppositions. In C. Fillmore & T. Langendoen (eds.) *Studies in Linguistic Semantics*. New York: Holt, Rinehart and Winston.

Leech, G. N. (1981) *Semantics: The Study of Meaning* (2nd Edition). Penguin Books.

Leech, G. N. (1983) *Principles of Pragmatics*. London and New York: Longman.

Levinson, S. C. (1983) *Pragmatics*. Cambridge: Cambridge University Press.

Levinson, S. C. (1987) Pragmatics and the Grammar of Anaphora. *Journal of Linguistics*, 23: 379-431.

Levinson, S. C. (1991) Pragmatic Reduction of the Binding Conditions Revisited. *Journal of Linguistics*, 27, 107-161.

Lumsden, D. (2008) Kinds of conversational cooperation. *Journal of Pragmatics*, 40, 1896-1908.

Lyons, J. (1977) *Semantics*, Vols. 1 & 2. Cambridge: Cambridge University Press.

Morris, C. (1938) *Foundations of the Theory of Signs*. Chicago: University of Chicago Press.

Sacks, H., Schegloff, E. A. & G. Jefferson (1974) A Simplest Systematics for the Organization of Turn-Taking for Conversation. *Language*, 50: 696-735.

Searle, J. R. (1969) *Speech Acts: An Essay in the Philosophy of Language*. Cambridge: Cambridge University Press.

Searle, J. R. (1975) Indirect Speech Acts. In P. Cole & J. Morgan (eds.) *Syntax and Semantics*, Vol. 3: *Speech Acts*. New York: Academic Press.

Searle, J. R. (1979) *Expression and Meaning: Studies in the Theory of Speech Acts*. Cambridge: Cambridge University Press.

Sperber, D. & D. Wilson (1986) *Relevance: Communication and Cognition*. Oxford: Basil Blackwell.

Stalnaker, R. (1974) Pragmatic presuppositions. In M. Munitz & P. Unger (eds.)

Semantics and Philosophy. New York: New York University Press.

Wilson, D. (1975) *Presuppositions and Non-truth Conditional Semantics*. New York: Academic Press.

Wilson, D. (2005) New Directions for Research on Pragmatics and Modularity. *Lingua*, 115, 1129-1146.

Wilson, D. & D. Sperber (1979) Ordered Entailments: An Alternative to Presuppositional Theories. In C. K. Oh & D. Dineen (eds.) *Syntax and Semantics*, Vol. 11: *Presuppositions*. New York: Academic Press.

陈望道(1932)《修辞学发凡》,上海教育出版社,1979年新一版。

程雨民(1983)格赖斯的"会话含义"与有关的讨论,《国外语言学》第1期。

段开成(1988)舍尔的言语行为理论,《外语教学与研究》第4期。

冯　炜(1992)中国语用学研究概观,《山东大学学报》第1期。

龚维才(1993)《幽默的语言艺术》,重庆出版社。

顾曰国(1992)礼貌、语用与文化,《外语教学与研究》第4期。

瓜　田(1993)《幽默语言操作》,中国旅游出版社。

何兆熊(1987)语用、意义和语境,《外国语》第5期。

何兆熊(1989)《语用学概要》,上海外语教育出版社。

何自然(1988)《语用学概论》,湖南教育出版社。

胡范铸(1987)《幽默语言学》,上海社会科学出版社。

胡壮麟(1980)语用学,《国外语言学》第3期。

李瑞华(1994)语用的最高原则——得体,《外国语》第3期。

廖秋忠(1991)篇章与语用和句法研究,《语言教学与研究》第4期。

刘润清(1987)关于Leech的"礼貌原则",《外语教学与研究》第2期。

戚雨村(1988)语用学说略,《外国语》第4期。

钱冠连(1991)语用学:语言适应理论——Verschuren语用学新论述评,《外语教学与研究》第1期。

沈家煊(1994)语用学和语义学的分界,载《语用研究论集》,北京语言学院出版社。

索振羽(1993)"得体"的语用研究,《语言文字应用》第3期。

王传经(1996)再论H. P. Grice的意向意义理论,《外语学刊》第3期。

王得杏(1990)跨文化交际的语用问题,《外语教学与研究》第4期。

西槙光正(编)(1992)《语境研究论文集》,北京语言学院出版社。

熊学亮(1996)语用学和认知语境,《外语学刊》第3期。

徐盛桓(1993a)新格赖斯会话含意理论和语用推理,《外国语》第1期。
徐盛桓(1993b)会话含意理论的新发展,《现代外语》第2期。
徐盛桓(1995)选择・重构・阐发・应用——我对新格赖斯理论的研究,《现代外语》第2期。
徐盛桓(1996)含意本体论研究,《外语教学与研究》第3期。
杨成凯(1994)语用学理论基础研究,载《语用研究论集》,北京语言学院出版社。
杨性义(1998)语义前提和语用前提,《外国语》第3期。
张德岁(2009)合作原则研究综述,《江淮论坛》第4期。
张　权(1994)试论指示词语的先用现象,《现代外语》第2期。
张绍杰(1995)会话隐涵理论的新发展——新格赖斯会话隐涵说述评,《外语教学与研究》第1期。
张绍杰、杨　忠(1990)语用学的形成、确立及其发展,《外语学刊》第4期。

文学类参考书目

《阿凡提的故事》,谭树辉主编,江西美术出版社2009年版。
《曹禺剧本选》,人民文学出版社1954年版。
《侯宝林相声选》,人民文学出版社1980年版。
《家》,巴金著,人民文学出版社1982年版。
《锦云剧本集》,中国戏剧出版社2004年版。
《老舍文集》,人民文学出版社1995年版。
《鲁迅全集》(第1卷、第3卷),人民文学出版社1973年版。
《马季相声选》,四川人民出版社1980年版。
《围城》,钱钟书著,人民文学出版社1980年版。
《子夜》,茅盾著,人民文学出版社1997年版。

北京大学出版社语言学教材方阵

博雅21世纪汉语言专业规划教材：专业基础教材系列
现代汉语（第二版）（上）　黄伯荣、李炜主编
现代汉语（第二版）（下）　黄伯荣、李炜主编
现代汉语学习参考　黄伯荣、李炜主编
语言学纲要（修订版）　叶蜚声、徐通锵著，王洪君、李娟修订
语言学纲要（修订版）学习指导书　王洪君等编著
古代汉语　邵永海主编（即出）
古代汉语阅读文选　邵永海主编（即出）
古代汉语常识　邵永海主编（即出）

博雅21世纪汉语言专业规划教材：专业方向基础教材系列
语音学教程（增订版）　林焘、王理嘉著，王韫佳、王理嘉增订
实验语音学基础教程　孔江平编著
现代汉语词汇学教程　周荐编著
简明实用汉语语法教程（第二版）　马真著
当代语法学教程　熊仲儒著
修辞学教程（修订版）　陈汝东著
汉语方言学基础教程　李小凡、项梦冰编著
语义学教程　叶文曦编著
新编语义学概要（修订版）　伍谦光编著
语用学教程（第二版）　索振羽编著
语言类型学教程　陆丙甫、金立鑫主编
汉语篇章语法教程　方梅编著（即出）
汉语韵律语法教程　冯胜利、王丽娟著（即出）
新编社会语言学概论　祝畹瑾主编
计算语言学教程　詹卫东编著（即出）

音韵学教程(第五版)　唐作藩著
音韵学教程学习指导书　唐作藩、邱克威编著
训诂学教程(第三版)　许威汉著
校勘学教程　管锡华著
文字学教程　喻遂生著
汉字学教程　罗卫东编著(即出)
文化语言学教程　戴昭铭著(即出)
历史句法学教程　董秀芳著(即出)

博雅21世纪汉语言专业规划教材:专题研究教材系列

实验语音学概要(增订版)　鲍怀翘、林茂灿主编
现代汉语词汇(第二版)　符淮青著(即出)
现代汉语语法研究教程(第四版)　陆俭明著
汉语语法专题研究(增订版)　邵敬敏等著
现代实用汉语修辞(修订版)　李庆荣编著
新编语用学概论　何自然、冉永平编著
外国语言学简史　李娟编著(即出)
近代汉语研究概要　蒋绍愚著
汉语白话史　徐时仪著
说文解字通论　黄天树著
甲骨文选读　喻遂生编著(即出)
商周金文选读　喻遂生编著(即出)
音韵学讲义　丁邦新著
音韵学答问　丁邦新著
音韵学研究方法导论　耿振生著
汉语语音史教程(第二版)　唐作藩著
汉语语音史纲要　张渭毅编著(即出)

博雅西方语言学教材名著系列

语言引论(第八版中译本)　弗罗姆金等著,王大惟等译
语音学教程(第七版中译本)　彼得·赖福吉等著,张维佳、田飞洋译

语音学教程(第七版影印本)　彼得·赖福吉等著
方言学教程(第二版中译本)　J. K. 钱伯斯等著,吴可颖译
构式语法教程(影印本)　马丁·休伯特著
构式语法教程(中译本)　马丁·休伯特著,张国华译